옮긴이

김재희
성균관대학교에서 형사법을 전공(법학박사)했고, 현재 성결대학교 파이데이아학부 조교수이다. 회복적 사법과 관련해서 이화여자대학교 법학연구소 회복적사업센터, 게이오대학교 법학부 등에서 연구하였으며, 현재는 서울중앙지검 형사조정위원, 경찰청 회복적경찰활동 자문위원으로 활동하고 있다.

조현지
이화여자대학교 대학원에서 형사법을 전공한 법학박사이다. 와세대대학교 교환학생 시절 회복적 정의를 접하게 되어, 형사상 화해조정에 관한 연구로 박사학위를 받았다. 한국형사정책연구원의 연구원, 해외변호사 근무를 거쳐 이화여자대학교 에서 강의와 연구를 하였다.

성학대와 회복적 정의

트라우마를 넘어 희망으로

주다 오드슌, 로레인 수투츠만 암스투츠, 미셸 재켓

김재희 조현지 옮김

정의와 평화 실천 시리즈
성학대와 회복적 정의

지은이	주다 오드슌, 로레인 수투츠만 암스투츠, 미셸 재켓
옮긴이	김재희 조현지
초판	2020년 7월 20일
펴낸이	배용하
책임편집	배용하
등록	제364-2008-000013호
펴낸곳	도서출판 대장간
	www.daejanggan.org
등록한곳	충남 논산시 매죽헌로 1176번길 8-54, 101호
대표전화	전화 041-742-1424 전송 0303-0959-1424
분류	회복적정의	성학대	성폭력
ISBN	978-89-7071-529-2 13330
CIP제어번호	CIP2020026709

이 책은 한국어판 저작권은 Skyhorse Publishing과 단독 계약한 도서출판 대장간에 있습니다.
기록된 형태의 허락 없이는 무단 전재와 복제를 금합니다.

값 9,000원

차례

이 책이 희망의 메시지가 되기를 …

원혜욱_한국피해자학회 회장·인하대학교 법학전문대학원 교수

　현재 우리 사회에 던져진 가장 중요한 논제는 '성학대'일 것이다. '위력에 의한 성폭력', '아동·청소년을 대상으로 하는 성학대를 녹화한 영상의 유포', '가정 내 성폭력' 등의 성폭력이 연일 언론을 통해 보도되면서 성학대가 특별한 영역에서 특별한 사람들을 대상으로 발생하는 범죄가 아니라 우리 주변에서 발생할 수 있는 범죄로 인식하게 되었다. 성학대의 심각성에 대한 문제의식은 공유하고 있지만, 정작 "성학대란 무엇인가?", "성학대를 해결할 수 있는 사법적 해결방안은 무엇인가?"에 대해서는 명확한 답이 주어져 있지 않다. 이러한 질문은 학계와 실무자들이 지속적으로 연구하면서 한계와 어려움에 부딪히면서도 새로운 해결의 가능성을 제시하기도 하는 주제이다.

　사회적인 핵심 이슈이면서 연구의 주제가 된 성학대와 그에 대한 대책에 대한 고민이 깊어지는 시점에서 출간되는 『성학대와 회복적 정의』는 우리에게 해결의 방향을 제시해 줄 수 있을 것이다. 이 책을 옮긴이들은 그동안 피해자학과 회복적 사법 영역에서 많은 연구를 통해

전문가로서 활발하게 활동하고 있는 여성학자들이다. 범죄학, 형사학 영역에서 균형 잡힌 시작으로 성폭력에 대한 다수의 연구를 수행한 학자들이기도 하다. 이에 이 책의 번역을 결정하기까지의 과정이 쉽지는 않았을 것이라 생각한다. 그러하기에 본 번역서에 대한 기대와 신뢰가 크다.

이 책에서는 성학대의 피해자와 성학대의 영향을 받은 공동체에 대해 회복적 정의를 통한 치유의 가능성을 제시하고 있다. 특히 이 책을 읽으면서 다음의 문장이 마음에 와서 닿았다. "이 책은 공동체를 가치로써 인정한다. 회복적 정의는 사람에 대한 것이다. 이것은 모든 이들의 존엄성을 존중하며 함께 사는 법을 배우는 것에 관한 것이다."는 문장이다. 회복적 정의가 무엇인지 알지 못하는 독자들도 이 책을 읽고 나서 이 문장에 공감할 수 있기를 바란다. 특히 이 책에서는 성학대의 피해자와 공동체뿐 아니라 가해자 모두에게 회복적 정의를 통한 치유와 희망을 말하고 있다. 이 책을 읽고 성학대라는 사회 문제를 접하는 우리에게 책의 부제와 같이 '트라우마를 넘어 희망으로'가 남기를 바란다.

좋은 책을 번역하여 우리 사회의 화두인 성학대를 다시 생각하고 그 해결방안을 고민할 수 있게 해준 두분 박사님의 수고함에 감사의 마음을 전한다.

젠더 폭력에 대한 회복적 정의의 제안

조균석_이화여자대학교 법학전문대학원 교수 · RJ 포럼 회장

그동안 우리사회는 젠더폭력과 관련된 사건에 회복적 정의의 접근을 금기하여 왔다. 그러나 본문에서도 말하고 있듯이 회복적 정의는 피해자들이 원하지 않는 한, 용서와 화해를 우선순위로 두지 않는다고 밝히고 있다. 나아가 회복적 정의는 자신의 선택에 책임을 져야 한다는 사법적 명제에도 동의한다. 이러한 점에서 이 책은 우리에게 회복적 정의에 대한 왜곡된 시각에서 벗어나 새로운 도전으로 나아갈 것을 제안하고 있다.

따뜻한 정의가 필요한 세상

김애희_전 기독교반성폭력센터장

'사과 받고 싶어요.…'
'내가 얼마나 힘들었지 알려주고 싶어요.'

지난 시간 동안 만났던 성폭력 피해자들 중 상당수는 '무엇을 원하는가?'라는 질문에 이렇게 답했다. 나는 사실 오랜 기간 동안 피해자들이 내게 남긴 이 말의 담긴 의미를 깊이 있게 성찰하지 못했다. '가해자에 대한 단죄와 배상이 중요하지 않나? 사과? 알려줌? 그게 뭐 그리 중요한가?' 어리석게도 나는 그 진솔한 마음의 소리에 피상적 접근 이상의 공감을 하지 못했던 적이 많았다. 내게, 혹은 각종의 상담지원 전문가들에게 이 같은 말들은 다소 의아하게 느껴질 수도 있겠다. 하지만, 그건 피해자들이 최선을 다해 자신을 드러낸 '의지의 표현'이었고, 내면의 회복을 향한 여정의 출발점이었음을… 나는 꽤 오랜 과정을 거치고 나서야 깨닫게 되었다. 어떤 면에서 볼 때, 나는 피해자를 진정으로 믿지 못했거나 업무적 접근을 했던 것인지도 모르겠다.

피해자의 몸과 영혼에 깊은 상흔을 남기는 성폭력 사건의 가해자에 대한 단죄는 엄정하고 분명해야 한다. 하지만 성폭력 사건에 대해 법적·제도적 접근만으로는 분명한 한계가 있다. 사법체계 안에서 가해자를 처벌하고 피해를 입증하는 일이 자동적으로 이루어지지 않으며, 고소에서 수사, 재판까지의 과정이 개개인에게 순조로울 수도 없다. 상황에 따라서는 피해자는 사법적 과정에서 마음에 더 큰 상처를 입기도 한다. 피해자가 속한 공동체의 적절한 조치, 곧 피해자의 마음과 영혼을 어루만지고 그 회복을 위한 노력의 필요는 분명하다. 사법적 조치와 별개로 피해자의 삶에서 성폭력 사건이 주는 고통을 줄이고, 삶을 긍정하게 하는 게 결정적 도움이 될 수 있다. 하지만 많은 경우, 공동체는 가해자를 두둔하거나, 피해자를 소외시키거나, 더 나아가 피해자에게 공동체 파괴의 잘못을 묻기도 한다.

성폭력과 관련된 사회일반의 매뉴얼을 교회 등 종교기관에 그대로 적용하기 어려운 경우가 많다. 그루밍 성폭력으로 인해 가해자와 심정적으로 얽혀있는 피해자, 이상하게도 가해자를 두둔하는 교회현장 등 교회 내 성폭력에는 종교와 신앙의 특수성이 반영되기 때문이다. 이 책은 교회, 혹은 종교관련 시설에서 발생할 수 있는 성적 학대와 성폭력사건에 대해 신앙공동체가 어떻게 풀어가야 하는지에 대해 실제적인 가능성을 제시하고 있다는 점에서 큰 유용성을 가지고 있다.

이 책의 메시지는 분명하다. 공동체는 피해자를 지지하는 가운데 피해자의 완전한 회복을 위한 장이 되어야 한다. 이를 위한 공동체의 노력은 확고한 정의 위에 서 있되, 관련된 이들을 전인적으로 살피는 따뜻함을 가져야 한다. 그리고 이 같은 과정은 회복적 정의를 향한 확고한 신념을 바탕으로 공동체적이고, 조직적이어야 한다.

분명 쉽지 않지만, 이 책은 성폭력 사건의 해결과 성평등한 교회 현장 만들기와 같은 목표를 고민해야 하는 교회 공동체에 유의미한 이정표가 될 것이다. 한국교회가 공동체 구성원들에게 있어 자신을 성찰하고, 성평등한 공동체를 만들어가는 장이 될 수 있길 희망해본다.

회복적 정의의 활약을 기대하며…

최근 실무계에서 활발하게 일어나는 회복적 정의에 대한 관심과 실천의 움직임과는 달리 학계의 반응은 그리 뜨겁지 않은 듯하다. 초기 회복적 정의의 범죄 대응 전략을 위한 다양한 연구와 논문들에 비하면 말이다. 반면, 국제적 동향은 회복적 정의에 대한 다양한 논의와 활발한 연구들이 여전히 진행되고 있다. 이러한 다양한 논의와 시도에 대하여 소개하고 싶어 뜻이 맞는 학자들이 모여 번역작업을 하게 되었다. 이 책은 *The Little Book of Restorative Justice for Sexual Abuse Hope Through Trauma*를 번역한 것이다.

회복적 정의의 형사사법과의 차별적 특징이나 범죄에 대응하기 위한 실천적 구체화를 기대하고 회복적 정의와 관련된 서적을 접한 이들이라면, 실망감과 함께 이 책을 덮게 될지도 모른다. 그러나 많은 회복적 정의와 관련한 저서가 주장하듯 먼저 우리 안에 충분한 회복적 정의에 대한 이해가, 사건을 바라보는 시각의 변화가 선행된다면, 그러한 변화의 필요를 충분히 준비해 둔 독자라면 분명 반

짝이는 무엇인가를 이 책에서 찾게 될 것이다. 성학대Sexual Abse에 대응한 실천적 전략으로써 회복적 정의를 고민한 독자라면 동일한 반응일 것이라 생각한다. 회복적 정의는 사건을 신속하게 결론 맺어 사건의 당사자들이 그리고 사회가 갖는 불편함을 해결하는 것에 관심을 갖지 않는다. '사법은 신선할수록 향기롭다'고 하는 법언에 제대로 역행하는 것인지도 모른다. 회복적 정의는 왜 그러한 일이 일어나고 그래서 발생한 일들을 어떠한 방향으로 흘러가도록 할 것인지를 함께 고민하고 함께 그 흐름의 길을 만들어가는, 끝을 위함이 아닌 진행을 위한 건설의 작업이다.

이 책에서 저자는 성범죄 사이클, 성학대 사이클과 사건 당사자들에게 필요한 것에 주목한다. 그리고 특정한 사례를 들어 해당 사건에서 일어나는 반응을 소개한다. 이러한 과정이 성범죄자가 그러한 행위를 할 수밖에 없었다는 변명을, 용서를 구하기 위함을 설명하는 것이 아니다. 다만 그러한 과정에서 사법에서는 침묵하고 있던 많은 부분에 목소리를 내고, 듣기 원한다. 기존 회복적 정의는 가해자의 책임을 가볍게 만들어 주는 것, 가해자를 용서하는 것이란 편견에서 나와 가해자의 입장과 피해자의 입장 나누기를 시도하고자 한다. 특히 이 책이 다루고 있는 성학대는 당사자의 관계 지향적 범죄라는 점과 더욱 이러한 작업이 필요한 영역이란 점에서 그동안 성범죄에서는 터부시되었던 회복적 정의의 활약을 기대한다.

모든 역서의 역자들이 그렇듯이 용어를 한글로 풀어내는 작업에 상당한 정성을 쏟았다. 그 중 하나가 Sexual Abuse를 어떤 우리말 용어로 풀어낼 것인가였다. 먼저 우리 사회에서 쉽게 듣는 성폭력을 떠 올렸으나, 해당 내용이 주로 자신의 돌봄 안에 있는 요보호자주로 아동가 대상이 되는 사건에서 물리적 폭력이 아닌 방법으로 행사되고 있음에 주목하여 생소할 수도 있는 성학대를 사용하기로 하였다. 어쩌면 현재에 수면 위로 올라오지 못한 우리 사회의 수많은 그루밍Grooming 성범죄가 향후 성학대로 명명될 것이라 생각하면서.

바쁜 일정이지만 함께 뜻이 맞는 학자들과 책의 내용에 대하여 이야기하고, 용어를 정리하는 작업은 즐거운 작업이었다. 그러한 점에서 함께 일정을 나누고 시간을 내어준 우리 공동역자 서로에게 그리고 번역의 기회를 주신 대장간과 배용하 사장님께 감사의 뜻을 전한다.

1장 · 들어가며

한 소녀가 계부에게 성적으로 학대를 당한다.

- 우리는 어떻게 그녀를 도울 수 있을까?

미성년자에게 성관계를 요구 한 사람이 체포되었다.

- 다시금 이러한 일이 발생하지 않도록 하기 위해 무엇을 할 수 있을까?

십대 소년이 그의 청소년 담당 목사에 의해 성폭행을 당했다

- 신앙 공동체는 어떻게 대응 할 수 있을까?

선주민 공동체Indigenous peopl Community는 성학대로 엄청난 충격에 빠졌다.

- 어떻게 치유할 수 있을까?

이 책은 성학대Sexual abuse 에 회복적 정의를 적용하는 것에 주목한다. 이러한 적용이 어떻게 상황을 해결할까?

피해와 범죄를 해결하기 위해 회복적 정의는 점점 더 많은 지지를 얻고 있다. 이는 광범위한 잘못된 행위에 개입하는 방법을 개발

하여 왔다. 회복적 정의는 청사진이나 특정 프로그램이라기보다 가능성을 맵핑mapping하는 것이다. 회복적 정의는 규범적이지 않기 때문에 커뮤니티가 성학대와 같은 폭력 범죄에 대응할 때, 오히려 더 많은 유연성과 힘을 제공한다. 회복적 정의는 종종 피해자들을 희생시키면서까지 가해자들에게 주어지는 불균형한 배려를 염려 한다; 그래서 피해를 입은 자와 피해를 가한 자, 양자에 대하여 균형적인 관심을 요구한다.

이 책은 다음과 같은 질문을 한다.

1. 성학대를 당한 피해자, 성적 피해를 입은 사람들 그리고 성폭력의 영향을 받은 공동체에게 회복적 정의의 접근은 무엇을 제공할 수 있는가?

2. 회복적 정의는 어떻게 보완하는가 또 법적 공동체가 이미 하고 있는 치유와 어떻게 차별화되는가?

3. 피해자를 지원하고 가해자가 책임을 수용하는 공동체를 어떻게 만들 것이며, 또 어떻게 모두가 안전하게 살 수 있을까?

4. 정의의 근원을 이행강제, 판결 그리고 수감제도로부터 예방과 피해를 입은 자의 요구로 옮기는 것은 철학적으로 또 현실적으로 무엇을 의미하는가?

5. 성학대에 대응할 때, 어떻게 회복적 정의가 가부장제, 인종차

별주의, 식민주의와 같은 구조적 폭력을 다룰 수 있을까?

이 책은 무엇에 관한 것인가?

이 책은 가해자를 용서하자는 것이 아니다.

성학대는 잘못wrong이다. 사람이 성적으로 다른 사람을 가해하기로 마음 먹었을 때, 그는 피해 당사자뿐만 아니라 공동체 내의 다른 사람에게도 엄청난 피해를 야기한다. 피해 혹은 트라우마를 포함해서 가해자 자신의 이력에 상관없이, 자신의 선택에 대해 책임을 져야 한다. 회복적 정의는 피해를 최소화하거나, 가해자를 용서하거나, 가해자가 결과를 회피하도록 돕지 않는다. 때때로 사람들은 회복적 정의와 용서 혹은 화해를 동일시한다. 피해자들이 원하지 않는 한 이것들은 회복적 정의의 우선순위가 될 수 없다. 회복적 정의는 공동체의 안전을 위해 폭력에 반대한다.

이 책은 피해자의 요구를 가장 중요한 것으로 이동시키고자 하는 것이다.

형사사법 시스템의 재정과 인적 자원의 대부분은 가해자에게 사용된다. 치안유지부터 법원, 교도소까지, 북아메리카는 범죄피해를 야기한 자들을 위해 수십억 달러를 쓴다. 이것은 종종 피해자의 요구를 희생시키며 얻은 결과이기도 하다. 반면 회복적 정의는 다음과 같은 질문으로 시작한다. "누가 피해를 입었는가?", 그리고 나서 "그들에겐 무엇이 필요한가?", 이것은 근본적으로 피해자의 요구를 맨 앞으로 이동시키는 것이다. 대부분의 피해자들은 성학대를 당한 경험을 공개하지 않는다. 북아메리카는 피해자를 믿는 것으로부터 시작하는 사법적 틀을 요구한다. 많은 이들은 의심받고 조롱당하거나 비난 받는 것을 두려워한다. 회복적 정의의 실천은 피해자를 믿고, 그들의 안전을 확립하고, 또 그들의 치유에 우선순위를 두는 것으로부터 출발해야 한다.

이 책은 범죄를 관대하거나 반대로 강경하게 다루려는 접근이 아니다. 몇몇 사람들은 회복적 정의를 관대한 처벌 방식으로 또는 교도소에서의 시간이나 처벌을 회피하기 위한 것으로 간주한다. 또 몇몇 사람들은 실제로 회복적 정의를 전통적인 처벌보다 더 많은 것을 요구한다고 주장한다. 현실에서 회복적 정의는 다양한 모습을 갖는다. 이것은 요구가 서로 같지 않을 때나 심지어 각각의 견해가 상반된 때에도 어떻게 피해를 회복할 것인지 방법을 고려한다. 한 사회 내에서 많은 사람들이 가해자의 불법한 행위로 성적인 고통을 받은 경우, 가해자도 자신의 잘못으로 고통받기를 원한다. 반면에 상처를 입은 또 다른 사람들은 단순히 가해자가 잘못을 인정하고 행동이 변화되기를 원한다. 범죄에 대한 온화한 대처^{hug-a-thug} 는 피해를 최소화하는 경향이 있는 반면, 범죄에 대한 강경한 대처 "잠그고 나서 열쇠는 던져버리거나" 또는 "그들을 꼬집고, 못 박고, 감옥에 가두는 것"는 실질적으로 책임감을 최소화한다. 둘 다 피해자들의 복잡한 요구를 우회적으로 접근한다.

말하자면, 수감제도와 회복적 정의는 상호 배타적이지 않다. 수감제도는 최소한 공동체의 안전을 일시적이나마 중요하게 다룬다. 어떤 이가 자기 자신이나 다른 사람들에게 안전하지 않을 때, 무력화는 필수적이다. 그러나 처벌의 목적 또는 정치적 편의주의에 따라 더 엄중한 양형과 처벌을 하는 것이 흔히 우리 공동체를 더 안전하게 할 수 없듯이, 그것은 항상 피해자들을 만족시키지도 못한다. 비록 일부 교도소 갱생 프로그램이 범죄자들에게 효과적이라는 것이 입증되었지만, 수감의 남용만으로 공동체의 안전이 확보되지 않는 경우가 많다. 피해자를 위하여 체포와 유죄판결은 어느 정도 정당성을 제공할 수 있지만, 그 과정 자체는 종종 2차 피해를 낳고 그들의 요구를 충족시킬 만큼 충분히 진행되지도 않는다.

이 책은 범죄 혹은 피해에 대해 현명하게 대처한다.

회복적 정의는 포괄적이며 피해의 영향을 입은 사람들에게 지적인 질문을 한다. 건전한 회복적 정의의 실천은 공동체의 안전뿐만 아니라 피해자의 트라우마와 가해자의 책임을 고려한다. 또한 "범죄에 대한 현명한 대처"는 미래의 해악을 예방하는데 초점을 맞추는 것을 의미한다. 범죄에 대한 현명한 대처는 성학대에 대하여 침묵할 것을 의미하는 것이 아니다.

이 책은 성학대를 젠더에 기반한 폭력의 한 형태로써 인정한다. 남녀 모두 폭력을 저지르는 반면, 성학대의 가해자는 대부분이 남성이다. 이 책은 반 남성 편향적anti-men 혹은 남성이 강간범이 되기 쉽다는 것을 의미하지 않는다. 그러나 성학대는 주로 남성에 대한 영구 이슈이다. 이 책에서 서술한 회복적 정의의 이념틀framework은 성학대가 젠더에 기반한 폭력의 한 형태임을 인정한다. 일부 여성들 또한 성학대를 저지르며, 그 피해자들을 위해 특히 이 점을 간과해서는 안 된다. 그러나 성학대는 그것을 지속시키는 남성성의 형태에 더 많은 남성 스스로가 그것을 도전적 과제로 인식할 때까지 근절되지 않을 것이다. 저자로써 우리는 젠더에 기반한 폭력의 종식을 옹호하는 많은 학자들과 젠더 문제에 관련된 실무자들에게 감사하고 있다.

이 책은 형사사법 체계가 인종차별과 식민주의가 있는 북아메리카에서 아프라카계 미국인, 라틴계, 선주민37번 역주 참조과 같은 특정 집단의 사람들에게는 매우 불합리하다는 것을 지적한다. 회복적 정의 실천은 인종적 불평등을 간과하거나 지속하지 않도록 주의해야 한다. 형사사법제도는 백인들이 다른 인종에 대한 권력을 유지하기 위한 도구로 사용되어 왔다. 즉 소외하고 식민지화하기 위해서 말이다. 백인 우월주의에 도전할 필요가 있다. 이 책 7장의 할로우워터의 오지브웨 사람들the Ojibwe people of Hollow Water에 대한 사례 연구에서 식민주의와 인종차별과 같은 구조적 또는 집단적 폭력이 어떻게 성학대를 포함한 개인적 폭력과 관련되는지를 강조하고자 한다.

이 책은 공동체를 가치로써 인정한다. 회복적 정의는 사람에 대한 것이다. 이것은 모든 이들의 존엄성을 존중하며 함께 사는 법을 배우는 것에 관한 것이다. 모두를 존중한다는 것은 피해에 대하여 이야기하는 것과 상처받은 이를 지원하는 것을 의미한다. 그것은 또한 성범죄자들도 사람이라는 뜻이다. 그들은 아버지, 계부, 어머니, 계모, 삼촌, 이모, 사촌과 형제 그리고 자매이다. 사람들은 서로를 다양한 이유로 다치게 한다. 가해자들이 그들의 선택을 이해하고 치유를 위한 지원을 받는 동시에 책임수용accoutbility을 부담한다는 것은 중요하다.

회복적 정의의 이념틀은 사람들이 지지를 받을 때, 책임수용이 가장 잘 이루어진다고 한다. 온타리오주 메노나이트 중앙위원회 회복적 정의 책임자인 아일린 핸더슨Eileen Henderson은 "재통합Reintegration은 대부분의 가해자들이 처음부터 통합되지 않았을 때의 신화이다"라고 한다. 이것은 변명이 아니라 그들이 야기한 피해를 최소화하기 위해 가해자를 치유하고 건강한 관계를 유지하기 위해 필요한 현실이다. 공동체는 피해를 받은 사람, 피해를 야기한 사람 그리고 피해를 주거나 받은, 혹은 양쪽 모두를 한주기도 하고 받기도 한 사람을 포함한다. 회복적 정의는 공동체의 모든 구성원을 소중히 여긴다.

이 책은 대면 대화에 기반한 프로그램을 포함하여 특정 프로그램을 지지하지 않는다. 사람들은 종종 회복적 정의를 가해자와 피해자가 얼굴을 맞대고 만나는 대면과 동일시한다. 그러나 이러한 접근은 일부 또는 경우에 따라 적합할 수 있으나 이러한 유형의 대화가 바람직하지 않은 상황도 다수 존재한다. 때때로 가해자들은 대면 중심의 회복적 프로그램에 의해 요구되는 책임을 선뜻 부담하려 하지 않거나 혹은 기꺼이 참여하려 하지 않을 것이다. 게다가 많은 피해자들은 그들에게 피해를 입힌 사람을 만날 필요가 없거나 만나기를 꺼린다. 가장 중요한 것은 대부분의 성학대 가해자들이 잡히지 않는다는 점이다. 대화가 유일한 회복적 정의의 도구라면 이러한 접근은 다수의 피해자와 가해자를 놓치게 된다. 회복적 정의가 첫 번째로 가장 중요하게 꼽는 것은 정의를 수행하는 이념틀이다. 프로그램의 유형은 부차적일 뿐이다.

이 책은 하나의 이념틀에 불과하다. 성학대의 피해자를 지원하고 가해자에게 책임을 지우기 위해 해야 할 일이 많다. 회복적 정의는 퍼즐을 완성하기 위해 몇몇 조각을 제공하나 전부는 아니다. 게다가 회복적 정의를 옹호하는 하워드 제어Howard Zehr가 주장하듯

이 우리는 여전히 회복적 정의를 수행하고 명확하게 표현하는 학습 곡선 초기에 있다. 실무자는 비판과 변화에 개방적이어야 하고 그들이 할 수 있는 것을 넘어 지나치게 약속하는 것에도 주의해야 한다. 이 책에서 이념의 틀은 공존할 수도 있고, 다른 것과 제휴할 수도 있다. 예를 들어 형사사법 절차는 분명히 일부 피해자와 가해자들에게 필요하다. 법규범, 적법 절차, 잘못된 것에 대한 대중의 비난, 그리고 인권의 보호는 중요한 정의의 요소와 공동체의 안전을 위해 필요하다. 사실 캐나다와 미국의 일부지역에서 시민은 아동 학대를 관계 기관에 보고할 법적 의무를 진다. 기관을 운영하는 사람들이 성학대를 은폐하는 경우가 너무 많아서 그들이 자신의 성학대를 다루려 애쓰는 것은 더 큰 해를 입힐 뿐이다. 게다가 심리치료 모델은 피해자와 가해자 모두를 위한 치유의 중요한 부분이다. 기억, 애도, 그리고 피해자의 회복을 위해 이러한 프로세스 단계를 통해 다시 연결되어야 한다. 인지 행동 요법과 재발방지 모델은 많은 범죄자들이 재범하지 않도록 돕는 훌륭한 수단임이 입증되었다. 이 책은 정중한 대화를 추가한 초대장이다. 이것은 권위적이거나 대립적이기 보다 일상적인 대화이다.

이것은 어려운 문제이다. 많은 사람이 피해를 입어왔으며, 그리고 이들 중 많은 사람들은 자신들의 이야기를 의심하는 가족에게서, 그들이 겪은 사실과 무슨 일이 있었는지에 대하여 그들의 진실에 의문을 제기하는 형사사법 절차가 진행되는 동안 사람들이 그것에 반응하는 태도에서 더 큰 트라우마를 입는다. 저자인 우리는 이것을 인정한다. 우리는 성학대에서 살아남은 이 자들에 대해 조심스럽게 최고의 존경을 표하며 이 물속에 발을 들여놓는다.

왜 이 책을 썼는가?

이 책은 우리가 다루는 문제들의 긴급성 때문에 쓰여 졌고, 많은 사람들이 회복적 정의가 성적 침해와 피해에 대해 무엇을 말할 수 있는지를 물어왔기 때문에 쓰게 되었다. 우리는 두 가지 특정한 우려를 강조하고 싶다.

1. 공동체의 안전을 위한 요구

이 책의 핵심은 안전한 공동체를 만드는 것이다. 다음 장에서는 널리 퍼진 성학대의 본질을 논할 것이다. 성학대를 인정하고 끝내기 위해서 더 많은 것들이 요구된다.

2. 창의적인 대화의 필요성 인정

현재까지 우리 사회가 문제에 개입하는 방식은 기껏해야 제한되어 있었다. 이것은 형사사법과 회복적 정의 모두에 해당된다. 우리의 희망은 이 책이 독자의 상상력을 자극하여 새로운 것과 안전을 시도하고, 성학대의 피해를 다루는 새롭고, 안전하고, 창조적 방식을 시도하게 하는 것이다.

개요

- 2장에서는 성학대에 대한 논의와 그것이 피해자에게 미치는 영향 그리고 어떤 가해자가 왜 그것을 범하는지를 서술한다.
- 3장은 회복적 정의의 이념틀을 설명한다.
- 4장에서는 사례 연구를 통해 회복적 정의의 이념틀이 피해자에게 어떻게 적용될 수 있는지를 서술한다.
- 5장에서는 사례 연구를 통해 회복적 정의의 이념틀이 가해자에게 어떻게 적용될 수 있는지를 서술한다.
- 6장에서는 사례 연구를 통해 회복적 정의의 이념틀이 공동체에게 어떻게 적용될 수 있는지를 서술한다. 우리는 신앙공동체를 예로 들었다.
- 7장에서는 할로 워터 퍼스트 네이션Hollow Water First Nation의 오지 브웨Ojibwe 사람들이 급속도로 확산한 성학대에 피해자, 가해자 그리고 공동체의 치유를 위한 선주민 공동체에서 사용하는 치유 서클을 사용한 것에 대하여 설명한다.

- 8장에서는 주제의 학술 문헌에 근거한 회복적 정의의 몇 가지 가능성과 한계에 대해 서술한다
- 9장에서는 성폭력 사건에서 회복적 실천 기준을 제시할 수 있는 원칙에 대해 설명한다.
- 10장에서 사례 이야기로 마친다.

통합성integrity

많은 사람이 회복적 정의를 가치에 기반하여 접근하고자 한다. 이 책에서 우리는 핵심 가치로서의 통합성을 강조하고 싶다. 우리의 관점에서 회복적 정의는 온전함을 추구하는 것이다 : 즉 개인과 공동체의 통합성. 만약 우리가 피해자와 가해자 사이의 회복적 정의 대화를 그 근거에 대한 설명 없이 촉구한다면 우리는 부분적으로만 정의를 실현 시키는 것이다. 만약 우리가 동일한 표준적 기준을 마련하지 않고 다른 사람들이 그들의 행동을 책임지도록 한다면 정의는 부분적인 것이 된다. 만약 우리가 모든 사람들과 시스템을 존중하지 않은 체, 공동체에서 관계회복을 위해 노력한다면, 통합성은 손상될 것이다. 이러한 모든 문제를 해결하고자 하는 희망에서 회복적 정의는 통합성에 의해 동기부여되고 작동하게 된다.

용어에 대한 해설

점점 더, "피해자"와 "가해자"라는 용어를 사용하여 꼬리표를 붙이는 것이 재평가되고 있다. 이러한 약칭의 용어들은 편리한 참고 표시로 형사사법제도 내에서는 일반적으로 활용된다. 그러나 당사자를 피해자와 가해자로 분류하는 것은 당사자를 지나치게 단순화하는 경향이 있으며. 이러한 단순화된 용어의 고정관념은 당사자들이 수행하거나 경험했던 것보다 훨씬 더 많은 의미를 부여한다. 범죄학적으로 낙인 이론에서 낙인은 일종의 평가이며, 사람들은 쉽게 낙인찍기를 하는 경향이 있다는 것을 강조한다.

우리는 이러한 용어를 사용하는 것에 대해서 좋은 대안을 찾지 못하였지만 이러한 우려는 주지해야 한다.

2장 · 성학대에 대한 이해

이 장에서 우리는 "성학대". "피해자", "가해자"라고 하는 용어를 정의한다. 피해자에 대하여 성학대가 주는 피해와 영향을 논의하고 성적 가해와 관련된 몇몇 개념을 소개한다. 이것은 회복적 정의가 어떻게 대응하는지를 설명하기 위한 배경을 제공할 것이다.

성학대

성학대는 가해자가 다른 누군가에게 그가 원치 않는, 합의하지 않은, 성적 접촉을 시도하거나 혹은 하려했거나, 행위를 한 것을 말한다. 이것은 강간, 성폭행, 근친상간, 성추행, 성희롱, 부적절한 접촉, 외설적 노출 및 아동포르노를 포함한다.

비록 그 접촉은 성적인 것으로 묘사되지만, 그것은 한 인간으로써의 성적인 통합성sexual integrity이 타인에 의해 침해당하는 것이기 때문에 폭력으로 이해하는 편이 더 적절할 것이다. 성학대는 피해자, 가해자, 공동체에 해를 끼친다. 그것은 일반적으로 피해자에게 트라우마를 경험하게 하며, 그 사람이 살아갈 의미를 잃을 만큼 압도적일 수 있다. 어떤 이에게는 성학대는 가족이나 사랑하는 사람에 의해 지속적으로 침해되는 "일상적인" 삶의 일부가 된다. 그러므로 이러한 문제로부터 해방되는 것 또한 매우 충격적일 수 있다. 트라우마에 대한 자세한 정보와 그것이 뇌에 어떤 영향을 미치는지에 대한 자세한 내용은 캐롤린 요더Carolyn Yoder의 트라우마 치료에 대한 책『트라우마의 이해와 치유』*The Little Book of Trauma Healing*를 참조하라. 여성 3명 중 1명, 남성 6명 중 1명이 평생 어떤 형태로든 성학대를 경험하는 것으로 추산된다.[3]

피해자

앞에서 언급하였듯이 용어의 사용, 특히 낙인이 문제될 수 있다. 성학대를 경험한 사람들은 그들이 경험한 것을 정의하는 방법을 포함하여, 자신의 이야기를 자신이 이해하는 방식으로 말할 수 있도록 하는 것이 중요하다. 어떤 사람들은 '피해자victims'로, 어떤 사람들은 '생존자survivors'로, 심지어 '극복한 자thriver'라고 불리는 것을 선호한다. 이 책의 목적상 우리는 '피해자'라는 표현을 쓰고자 한다. '피해자'라는 용어를 사용함으로써 우리는 그 사람의 동의 없이 그에게 해롭고 걷잡을 수 없는 일이 벌어졌음을 나타낼 수 있기 때문이다. '피해자'라는 용어를 사용하는 것은 우리가 이 개인들에게 일어난 일이 그들이 선택한 것이 아니며, 그들의 잘못도 아니라고 말할 수 있게 해준다.

가해자

성적으로 가해를 한 사람은 끔찍한 일을 한 사람이지만 본질적으로 괴물은 아니다. 성범죄 행위는 해롭고 잘못된 것이다. 그러나 피해자를 비인간적인 방식으로 대우했다는 사실에도 불구하고 가해자를 비인간적인 방식으로 대우해서는 안 된다. 성범죄는 그것을 범한 사람의 인간성 전부를 대변하는 것은 아니다. 캐나다 키치너의 공동체 정의 전략Community Justice Initiative 프로그램에서 성적 가해행위를 한 사람들에 대한 동료 지원 그룹a peer support group에 참여한 사람 중 하나는 "사람들이 나를 인간적으로 대하기 시작했을 때, 내가 더 인간적으로 행동하기 시작한다는 것을 깨달았다"고 말했다. 그 사람과 범죄를 구분하는 가치는 그 사람이 자신의 해로운 선택에 대해 책임을 지도록 하는 동시에 그 사람을 치료할 수 있다는 것이다. 5장에서 논의될 가해자를 바라보는 이러한 방식은 공동체 안전을 위해서 중요하다. 단순화하기 위해 우리는 성범죄를 한 자에게 "가해자"라는 용어를 사용할 것이다.

성범죄 사이클 Sexual offense cycle

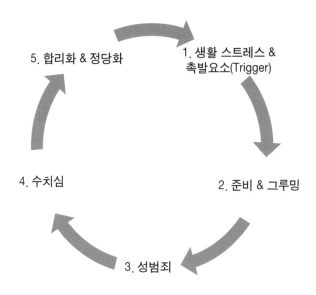

성학대 사이클

앞서 언급한 바와 같이 우리사회에 만연한 성학대를 경험하는 것은 여성 3명 중 1명, 남성 6명 중 1명으로 추산되는데, 이들이 경험하는 영향을 감정적, 신체적, 재정적 등의 비용으로 정량화하는 것은 쉽지 않다. 우리는 개인에게 미치는 그 영향을 더 명확하게 말할 수 있다. 성학대가 피해자들에게 미치는 영향을 몇 가지 방법으로 설명하기 위해, 우리는 성범죄에 대한 가상의 이야기를 할 것이다. 우리가 이 시나리오를 서술하기 위해 사용한 템플릿은 "성범죄 사이클"이라고 불린다. 이것은 **인지행동심리치료**[4]에서 나온 것이다. 원래는 중독으로 고생하는 사람들에 대하여 어떻게 생각, 감정 그리고 행동이 상호 작용하여 건강에 해로운 패턴을 만들고 그리고 후에 중독이 되는지를 설명하기 위한 것이었다. 그 후 심리치료 전문가와 그 외 사람들은 이것을 이용하여 성적 범죄자들을 범행으로 이끄는 행동을 이해할 수 있다는 것을 깨달았다.

비록 이 사이클이 모든 성학대를 설명할 수 있는 것은 아니며 어쩌면 너무 단순화한 것일 수도 있지만, 이것은 우리가 성범죄가 선택이라는 것을 이해할 수 있도록 돕는다.

이 사이클은 심지어 특정 연령의 아동에게 성적 매력을 느끼는 소아성애와 같이 정신병질로 진단되는 성범죄를 설명할 수 있다. 실제 모든 인간의 선택은 생각, 감정, 행동, 경험을 바탕으로 한다. 성학대 사이클은 간단히 이것들을 상호 연결시킨다.

1. **생활 스트레스** : 이 모델은 생활 스트레스에서 시작한다.

전부는 아니더라도 대부분의 사람들은 가족, 관계 혹은 재정 문제로 인해 성인이 된 시점에서 스트레스를 경험한다. 문제는 그것에 대처하는 방법이다. 인간이란 존재는 일반적으로 내적, 외적으로 스트레스에 반응한다. a)내적으로는 - 두뇌가 경험을 처리하는 과정에서, 그리고 b)외적으로는 – 행동을 통해서 반응한다. 초기 성기호 혹은 아동기의 트라우마예컨대, 무시, 학대 등와 관련된 과거 경험은 종종 그러나 항상 그런 것은 아니다 성범죄자로 발전하는 원인이 된다. 스트레스는 뇌의 스트레스 반응을 변화시킨다. 즉 인간의 뇌는 스트레스에 의해 손상될 수 있기 때문에, 정상적인 것처럼 경험해야 할 스트레스가 생사, 싸움, 비행 등의 문제로 경험될 수 있다. 스트레스는 종종 그것에 대처하는 수단이 건강하지 못할 때 폭력을 촉발시키거나 유발한다.

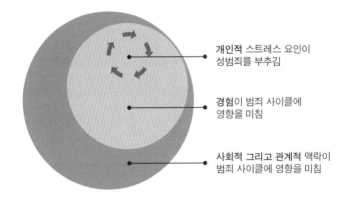

개인적 스트레스 요인이
성범죄를 부추김

경험이 범죄 사이클에
영향을 미침

사회적 그리고 관계적 맥락이
범죄 사이클에 영향을 미침

성학대의 맥락
위의 이미지는 성학대사이클이 사회적 영향만큼이나 개인적 경험의 맥락 안에서 발생한다는 것을 나타낸다:

개인적
• 초기 성기호
• 아동기의 트라우마

사회적
• 부끄러운 것으로써 성비밀주의
• 남성성과 폭력성을 동일시 함
  합의 받는 것을 방해함, 남성의 폭력을 정당화 함

예를 들어, 한 남성이 피해자의 엄마와 상당한 부부 스트레스를 겪고 있다고 가정하자. 이것은 그에게 버림받을 것이란 두려움을 촉발한다. 두려움과 함께 그가 건강한 관계를 유지하지 못한 것에 대한 두려움과 그 자체가 당혹감을 가져온다. 그는 자신의 관계적 스트레스에 대해 아무에게도 말하지 않고 "끝까지 참고 버티기"로 결심한다. 그 결과 그는 건강하지 못한 방법으로 스트레스에 대처하기 시작한다.

2. **준비** : 대부분 성범죄의 준비작업은 두개 요소의 결합물이다: 첫 번째, 두 번째 요인과 결합된 불건전한 대처는 잠재적 피해자에 대한 의식적이거나 무의식적인 그루밍grooming이다. 첫 번째는 어려운 감정을 다루기 위해 도움이 되지 않는 방법을 사용하는 것이다. 두 번째, 그루밍은 피해자와 신뢰관계를 형성하여 성학대를 범할 기회를 만드는 것을 의미한다.

트라우마의 영향 중 하나는 손상된 스트레스 반응으로 인해, 정신적 충격을 받은 사람은 종종 다른 사람과 건강한 관계를 유지하는데 어려움을 겪는다는 것이다. 심리학자들은 흔히 이것을 불안정 혼란 애착disorganized attachment, 즉 다른 사람과의 유대감에 어려움을 겪는 것이라고 설명한다. 성적인 감정을 손상당한 사람은 종종 감정적으로 미성숙하고, 어른들보다 어린이들에게 더 편안함을 느낀다.

우리 이야기 속의 한 남자는 부부간의 스트레스로 걷잡을 수
없는 고통을 경험한다. 그는 그것에 압도당했다고 느낀다. 그
는 자신이 중요하다고 여기는 어떤 것에 실패하고 있다는 것
에서 당혹감을 느낀다. 그는 그 관계의 개선에 배우자가 기꺼
이 동참하고 있지 않다고 여기고 그것으로 그녀를 비난한다.
그는 그 자신의 책임을 인정하거나 깨닫는 것에 실패한다. 그
는 화가 나고 혼란스럽다. 그는 과거의 관계를 상상하는 방
법으로 향수를 느낀다. 이런 격한 감정에 대처하기 위해 그는
위축된다. 그는 어느 누구에게도 자신의 불행을 이야기하지
않는다. 그는 사람들이 자신을 이해하지 못할 것이라고 생각
한다. 그러는 동안 그는 더 많은 공상을 하기 시작하고 점점
더 자신을 달래기 위해 포르노와 자위를 이용한다. 술은 그의
친구가 된다. 전에는 술을 많이 마시지 않았는데, 틈만 나면
맥주를 마신다.

성인과의 관계가 나빠질수록 남자는 의붓딸과 단둘이 되는
경우가 많아진다. 그의 배우자는 저녁에 일을 하기 때문에 주
로 그가 아이를 돌보고 있다. 저녁을 먹은 뒤, 그와 아이는 함
께 TV를 본다. 오랫동안 계부와 의붓딸 사이에 적절한 포옹

만이 유일한 신체접촉이었다. 그러나 그것을 인지하지 못한
채, 이 접촉은 남자의 감정적인 욕구를 채우기 시작하고, 그
는 그것을 성적으로 표현하기 시작한다-즉, 그는 부적절하
게 그녀를 만지는 것을 생각한다. 처음에는 그는 이러한 생각
을 떨쳐버릴 수 있었지만, 그러나 배우자에게 화가 날수록 그
는 현실을 잘 파악하지 못하게 된다. 술을 마시면 마실수록
아이에게 어른으로서 갖추어야 할 책임에 대해 명쾌하게 생
각할 수 없게 된다. 위축되면 될수록 그는 '실패자'나 '쓸모
없는 사람'처럼 느껴진다. 그가 이 건강하지 못한 상태에서
아이와 보내는 시간이 많아질수록 그는 의붓딸만이 '자신을
이해할 수 있다'고, 의붓딸이 '자신과 함께 있기를 바란다'
고 생각하는 쪽을 선택한다. 그 아이는 남자 내면의 혼란을
인식하지 못하고 있다. 그녀는 그의 관심과 애정에 그저 감사
할 따름이다.

3. **성범죄**Sexual offending : 성범죄를 범하기 위해서, 사람들은 스
스로가 이러한 일을 하도록 허용해야 한다. 성학대는 가해자가 한
선택이다. 선택은 이전의 충격적인 경험에 의해 영향을 받은 것일 수
도 있고, 심지어 성적 피해경험일 수도 있다. 그러나 보통은 그것을
계속해서 범하지는 않는다. 이러한 허용은 어디에서 오는가? 어떤

허용은 사회적인 것이다. 남성다움이란 사회적으로 만들어진 것이다. 그것은 남성이 특히 섹스에 관해서 폭력적으로 행동하는 것을 허가해주는 방식으로 구성된다.

- 성범죄 가해자의 대다수는 남성이다: 연구 조사에서 대부분 일치하는 성적 피해의 예측 인자는 성적으로 공격적인 남성이라는 점이다.[5]
- 가해자의 90%가 피해자에게 잘 알려진, 가족일원 혹은 친구이다.[6]

"강간문화"란 용어는 그들이 원할 때, 원하는 것을, 동의와 상관없이 성적으로 얻음으로써 그들이 어떻게 사회화 되는가를 설명한다. 남자가 힘을 타인에게 사용할 때, 여성을, 소녀를, 소년을 그리고 다른 남성을 성적으로 학대하는 것으로 남성이 그들의 힘을 사용할 때, 사회는 가해자를 한 옆으로 밀어두고 피해자를 비난한다. 사람들이 피해자를 비난하는 일반적인 방식은 다음과 같다.

- "그녀가 그것을 유발하도록 무엇인가를 했음이 틀림없어."
- "만약 그녀가 짧은 스커트를 입지 않았다면, 그가 그녀를 성적으로 학대하지 않았을 텐데."
- "그는 항상 문제를 일으키고, 소문을 만들어"
- "그녀는 'no'라고 말하지 않았어."

• 만약 그가 그것을 좋아하지 않았다면 왜 그는 가해자와 함께 시간을 보냈겠어?"

가부장제와 남성성에 대한 독성적 표현에 뿌리를 둔 강간문화는 여성과 소녀들에게 심각하게 부정적인 영향을 끼친다. 강간문화는 가족, 신앙 공동체, 그리고 학교를 포함해서 많은 사회 기관에 유입되어 있다. 예를 들어, 대학들은 이러한 통계들의 중심에 있다.

• 약 25%의 여성들이 대학 생활을 하는 동안 강간미수나 기수를 경험한다.[7]
• 대학에 다니는 여성의 13%가 스토킹에 의해 희생되고 있다.[8]
• 수십 년에 걸친 여러 연구에서 일관되게, 남자 대학생 중 붙잡히지 않을 것을 알고 있다면 강간을 저지를 가능성이 높을 것이라는 사례가 35% 정도로 나타났다.[9]

남성이 성적으로 폭력적일 수 있다고 허용하는 사회적 맥락에서는, 그 자신이 그러한 행동을 허용하는 것으로 나가는데 영향을 미치는 개인적 행동 패턴들 역시 더 많이 발생한다. 만약 그가 그 자신의 문제에 대해 다른 사람을 비난하거나, 그가 위축되거나, 힘든 감정을 다루기 위해 부적응 대처 메커니즘약물, 술, 포르노을 사용한다거나, 혹은 그가 아이들과 성적 관계를 맺는다면 그는 비정상적인 행동패턴을 선택한 것이다. 먼저, 이러한 각각의 요소들은 그 자신을 다른 사람과의 관계를 단절시키고 자신의 선택에 대한 책임과 분리시킴으로써 자신의 인간성을 파괴하게 되고, 둘째로 잠재적 피해자를 물건화 하고 인간성을 말살시킨다. 개인과 맥락, 이들 모두는 그가 폭력을 허용하는 것을 부추긴다.

그는 그 아이가 그의 성적 접근을 감사해 한다고 스스로 확신한다. 그의 행동을 멈추기엔 무력한 그녀의 두려움을 뒤틀린 합의로 혼동하면서, 지난 몇 일간 그는 점점 더 그의 손을 그녀의 성기에 가깝게 가져갔다. 결국 그는 그녀의 믿음을 배신하고, 양육자로써 지위를 저버리고, 배우자로써 역할을 배신하고, 그의 공동체를 배신하고 그리고 성적으로 그의 의붓딸을 학대한다. 그는 그녀를 힘으로 제압하고 더 나아가 그 아이와 그를 사랑하고 돌보는 많은 사람에게 상처를 준다.

4. 수치심 : 그날 밤 이후, 처음 그는 매우 자신을 혐오하였다. 어떻게 그런 짓을 할 수 있단 말인가? "역겹다, 이 괴물아!"라고 생각하였지만, 누군가가 그가 한 짓을 알게 된다면 그는 감옥에 가야된다는 것을 깨닫는 순간, 그는 자신의 수치심을 묻어 버렸다. 그는 그녀에서 그가 한 일을 아무에게도 말하지 말라고 하였다. 그들의 특별한 비밀, 그들의 특별한 관계의 일부였다는 것을. 그리고 후에 그는

또 다른 방법으로 그녀를 협박할 수 있다는 것을 알게 되었다. "누군가 이 일을 알게 되어서 경찰이 나를 데려가면, 너는 아빠를 잃게 되는 거야." 그리고 "그거(성학대 행위) 너도 좋지 않았니?"와 같이.

가해자들은 자주 성학대 후에 수치심과 죄책감을 느낀다. 그러나 피해를 축소, 합리화 혹은 정당화하면서 쉽게 이러한 감정들을 지운다. 협박에 의한 비밀은 성학대를 이행하는 한 수단이다. 성학대는 그 자체가 보통 피해자의 침묵을 종용하기도 한다. 그러나 가해자는 피해자가 계속해서 침묵하도록 강제하기 위해 더 강한 협박 전략을 사용한다.

5. 정당성 : 잘못에 대한 책임을 지지 않는 한 가지 방법은 그것을 정당화하는 것이다.

그래서 그는 "정말 그렇게 나쁘진 않았다 축소화; 그녀가 원했고 좋아하는 것 같았다 정당화; 아무도 알아채지 못한다면, 그것은 우리 모두에게 좋은 일이다 합리화; 내가 어렸을 때, 우리 형도 나에게 똑 같은 짓을 했지만, 나는 그것을 극복했다 축소와 합리화; 자기 몸의 반응을 아는 것은 그녀에게도 중요한 일이야" 정당화라고 말한다.

정당화를 계속해 나갈수록, 그것은 가해자가 쉽게 또 다른 가해를 할 수 있도록 한다.

성학대의 영향

항상 그런 것은 아니지만 일반적으로 성학대는 트라우마를 경험한다. 트라우마는 사람의 대처 능력을 압도한다. 그 순간 그 사람은 인생이 끝났다고 믿는다. 생존 메카니즘은 싸움^{반격 fight, attack back}, 탈출^{도주flight, run away}, 경직^{싸움이나 도주를 할 수 없음 freeze}의 반응을 발동시킨다. 생존 메커니즘이 발동되어야 그 사람은 치유할 기회를 갖게 된다. 트라우마는 과거의 학대가 아직까지도 생존자를 통제하고 있다고 느끼게 한다.

그 사람이 치료할 기회가 생길 때까지 외상 생존자들은 종종 과거의 학대에 의해 통제되는 느낌을 받는다. 만약 싸움 모드에 갇힌 생존자라면, 그는 공격적인 상태를 유지할 수도 있다. 만약 경직모드라면, 그는 멍한 상태에서 끊임없이 무력감을 느낀다. 어쩌면 피해자는 이 3개의 반응에서 왔다 갔다 할 수도 있다. 어쨋든 생존자의 스트레스 반응은 트라우마에 의해 손상된다.

이것은 왜 많은 생존자들이 일코올, 마약, 섹스 혹은 폭력을 사용하여 대처하려는지에 대한 이유인데, 이것은 트라우마가 다시 떠오르는 것을 피하기 위한 온갖 노력이다. 그러나 이러한 대처방법에도 불구하고 생존자들의 감정에 트라우마의 기억이 밀려들어 온다: 어떤 장면, 소리, 냄새, 맛 그리고 촉각이 생존자를 트라우마의 시간으로 돌려놓는다. 그 폭력은 감각을 통해 깨어 있는 동안 다시 나타나고 종종 그들이 자는 동안 악몽 속에 나타난다. 이것이 지속적으로 고착되면, 성학대 피해자들은 외상 후 스트레스 장애PTSD, 우울증, 불안, 해리성 정체성 장애와 같은 정신 건강상의 문제를 자주 겪게 된다.

성학대는 종종 피해자들에게 수치스런 일로 간주된다. 종종 생존자들은 사회나 가해자가 비난하지 않음에도 불구하고 스스로를 비난한다.

신체	·변화된 스트레스 반응(트라우마) ·정신 건강에 대한 문제(PTSD, 우울증, 불안감, 기타) ·부상
감정	·부끄러움(나는 쓸모가 없다) ·두려움(나는 안전하지 않다) ·불신(나는 다른 사람을 믿을 수 없다) ·혼동
행동	·부적응 반응(약물남용, 자해, 자살충동) ·트라우마 회피 ·관계의 어려움
세계관	·왜 나야? ·만약 이 일이 벌어지지 않았다면, 내 인생은 어땠을까? ·세상은 위험한 곳이야

저자Judah는 종종 수치심을 설명하기 위해Brene Brown의 연구를 인용한다: 그녀는 수치심이 우리가 자신의 핵심 정체성이 "나쁘다"

거나 사람들이 상호 유대가 가치가 없다고 느끼도록 한다고 설명한다.[10] 게다가 대다수의 성학대가 피해자의 지인에 의해 일어난다는 점에서 생존자는 이후 다른 사람을 믿기 어렵다는 것을 알게 된다. 왜 그런가? 피해자를 사랑하고 돌봐야 할 사람들은 또한 그들에게 가장 큰 상처를 줄 수 있고, 관계 혹은 세상에 대한 긍정적인 시각을 갖기 어렵게 만든다. 트라우마로 인해 피해자는 자신이 계속 안전하지 않다고 느끼기 때문에 관계에 문제를 일으킨다.

이 장에서 우리는 "성학대", "피해자", "가해자"라고 하는 용어를 정의하였다. 우리는 성범죄 사이클을 이용해서 가해자의 생각, 감정, 행동, 경험 및 맥락 속에서 성범죄가 어떻게 선택되는지를 설명하였다. 그리고 성학대가 피해자에게 주는 엄청난 충격적 결과를 설명하였다. 다음 장에서 우리는 피해자, 가해자 그리고 공동체가 트라우마를 넘어 희망을 찾을 수 있도록 어떻게 회복적 정의를 활용할 수 있는지를 설명할 것이다.

3장 · 회복적 정의

회복적 정의는 다른 무엇보다 피해를 예방하고 설명하기 위한 이념틀이다. 철학적으로 범죄와 같은 규칙 위반 사건이 일어날 때, 개인과 관계가 가장 직접적으로 영향을 받는다는 것을 인식하는 것은 처벌의 차원을 넘어서는 것이다. 규칙과 법률은 여전히 중요하며, 부당한 대우를 받았을 때 우리가 느끼는 변명하고 싶은 욕구를 인정해야 한다. 그러나 인간성, 관계 그리고 공동체를 치유하는 것은 회복적 정의의 주된 초점이다.

캐나다 온타리오주 키치너의 젊은 보호관찰관 마크 얀치Mark Yantzi가 1974년에 청소년들로 하여금 그들이 저지른 기물파손행위의 희생자들을 만나게 했을 때, 그것은 정의를 실현하는 것과 범죄피해자들의 필요에 대해 몇 가지 근본적인 질문을 촉발시켰다. 1980년대 초기, 하워드제어가 이러한 질문의 접근을 뒷받침하는 정신을 잘 표현했다. 그의 기본저서인 『우리 시대의 회복적 정의』 *Changing Lenses*와 그 후 회복적 정의에 관한 책, 『회복적 정의 실현을 위한 사법의 이념과 실천』*The Little Book of Restorative justice*에서 제어는 범죄나 피해에 대하여 회복적 정의가 지향하는 바를 아래와 같은 질문으로 제안하였다.

1. 누가 피해를 입었는가?
2. 그들이 필요로 하는 것은 무엇인가?
3. 그것들은 누구의 의무인가?
4. 근본원인은 무엇인가?
5. 어떻게 우리는 이러한 필요와 의무를 해결하는데 당사자를 참여시킬 것인가?
6. 근본원인을 해결하기 위하여 그리고 가능한 한 일을 바로잡기 위해 무엇을 해야 하는가?

그 이후 회복적 정의는 형사사법을 넘어, 학교, 아동보호, 직장을 포함한 다양한 영역에서 시행되어 왔다. 실천적 방법에는, 피해를 입은 사람과 피해를 가한 사람, 그리고 공동체 구성원들이 함께 대화하고 만나는 형태가 자주 활용된다. 그러나 몇몇 프로그램은 오직 가해자만을, 어떤 프로그램은 피해자에게만, 그리고 다른 프래그램들은 지역사회 발전과 예방에만 초점을 맞추기도 한다. 회복적 실천은 회복적 정의의 이념틀을 전체 또는 부분적으로 구현하면서 접근하는 연속체로 가장 잘 설명할 수 있다. 제어와 회복적 정의의 최근 다른 전문가들은 회복적 정의의 뿌리가 1970년대 보다 더욱 깊어졌다는 것을 인정한다. 사실 많은 토착적이고 종교적인 전통들은 회복적 정의의 형태를 띠고 실행된다.

제7장에서, 우리가 할루우 워터 사건Hollow Water cases을 논의할 때, 선주민들이 구현하는 정의의 방식과 회복적 정의로 이 책에서 표현되는 방식 사이에 강한 유대가 있음을 보게 될 것이다. 최근 회복적 정의 운동은 세계 여러 선주민 공동체가 처벌보다는 치유에 관한 방법으로 정의의 실천을 유지하고 장려하는 것에 힘입은 바가 크다. 그것은 건강한 삶의 방식을 만들기 위해 총제적이고 공생에 기반한 비전을 제시해준다.

요구를 마주하는 것으로써의 정의

근본적으로 회복적 정의는 범죄와 피해를 입은 후에 사람들이 무엇을 원하는가에서 정의의 반응을 이끌어낸다. 그리고 정의는 치유를 위해서 피해자, 가해자, 공동체의 요구를 충족시키는 것으로 가장 잘 이해된다. 회복적 정의의 렌즈를 이용하여 이론가와 실무가는 이들 각각의 그룹에 대한 공통의 요구를 표현한다. 물론 모든 요구가 모든 사람과 관련이 있는 것은 아니다. 다른 사람에게 자신의 정의 비전을 강요하는 것보다 경청하는 것이 중요하다.

| 피해 → 요구 발생 → 정의는 요구에 직면한다 → 진정한 정의는 힐링이다 |

성학대 피해자는 무엇을 원하는가?

요구	내 용
안전과 돌봄	• 학대는 사람들이 치유되기 전에 멈춰야 한다. • 육체적, 정서적 안전이 무엇보다 중요한 것이 되어야 한다. • 안전하고 지원해주는 관계가 구축되어야 한다. 지원자(Caregiver)는 일관되고 진실하며 인내심이 요구되며, 피해자가 다시 신뢰를 배울 수 있는 기회를 제공해야 한다. • 어떤 맥락에서 안전은 가해자와 피해자를 분리할 것을 의미한다.
신뢰받고, 용서받고 그리고 정당성을 인정받음	• 사람들, 특히 아이들은 성학대를 당했다고 거짓말을 하는 경우가 거의 없다. "나는 너를 믿어"라고 말하는 것은 매우 중요하다. • 피해자는 아무 근거 없는 일임에도 불구하고 종종 자신을 탓한다. "그건 네 잘못이 아니야"라고 말해줄 필요가 있다. • 성학대는 유해하고 괜찮지 않다라고, "네게 일어난 일은 잘못된 거야"라고 인정한다.
발언과 권한강화	• 피해자의 목소리를 들을 필요가 있다. 그들의 이야기를 듣기 위한 안전한 공간이 제공되어야 한다. • 성학대는 피해자를 통제하는 것을 넘어 무력화시킨다. 피해자를 돕는 다는 것은 그들이 치유하고 자신의 삶을 스스로 통제하는 방향으로 선택하여 나갈 수 있도록 한다.

애도와 표현	• 피해자는 그들의 고통을 애도하기 위한 안전한 공간이 필요하다. • 피해자는 성적 존재로써 받은 충격(영향)을 포함하여 정체성을 탐구할 필요가 있다. • 그 (피해의) 영향에 대하여 표현하는 것은– 때로는 직접 가해자에게 – 매우 중요하다.
지원과 교육	• 피해자는 회복탄력성을 길러주는 지원에 접근할 수 있는 권한을 필요로 한다. 회복적 정의는 단지 지원책의 하나일 뿐이라는 것을 인식하는 것이 중요하다. 다른 것들 역시 피해자가 치유를 향해 나아가는데 필요할 수 있다. • 교육은 PTSD가 비정상적인 사건에 대한 정상적인 반응이라는 것을 이해하는데 도움이 된다. 종종 사람들은 성학대의 트라우마를 경험할 때, 자신이 "정신이 나갔다"거나 "미쳤다"고 느낄지도 모른다. • 예컨데 학대받는 동안 남성피해자가 발기하거나 사정하거나 혹은 여성피해자가 오르가즘을 경험하였다고 해서 그것이 그가 혹은 그녀가 "좋았다"거나 "원했다"는 것을 의미하지 않는다-고 명확히 해줄 것이 필요하다.
정보와 선택권	• 선택권: 어떤 지원을 받을 수 있는가? 어떻게 도울 수 있는가?에 대한 질문의 대답(종종 가해자로부터 찾음). 무엇이 가해자가 다시는 그 일을 하지 않도록 확실하게 만들 것인가?
책임수용	• 실수를 저지르는 것을 허용하는 것은, 치유를 위한 지원과 함께 매우 중요하다. 동시에 불건전한 대처 전략이나 선택을 하는 것에 대하여 피해자는 "그것이 너에게 어떤 영향을 줄까?"라는 질문을 받을 필요가 있을지도 모른다.

성범죄를 범한 사람은 무엇을 원하는가?

처벌만으로는 사회를 안전하게 만들 수 없다. 미국 법무부장관 에릭 홀더Eric Holder는 마약범죄와 관련하여 이렇게 말했지만 이것은 성범죄에도 적용된다: "감금형구금형은 나라를 더 안전하게 만드는 방법으로 효과가 없다."[11] 성범죄자에게 무슨 일이 일어나야 하는지에 대한 우리의 신념과 상관없이, 어떤 이들은 사형을 이야기할지도 모른다. 또 어떤 이들은 "무인도에 그들을 보내버려라"라고 할지도 모른다. 그러나 대부분 성범죄자는 감옥에서 풀려나 사회생활을 재개할 것이다. 이것은 우리가 그들과 함께 일할 방법을 찾아야 한다는 것을 의미한다. 회복적 정의가 지향하는 도전적인 목표는 책임감과 지원의 균형을 맞추는 것이다.

- 성적으로 범죄를 한 사람이 책임responsibility을 지도록 하기 위해 무엇을 해야 하는가? – **책임수용**accountability
- 성적으로 범죄를 한 사람은 치유를 위해 무엇을 하여야 하는가? – **지원**support

책임수용

책임responsibility을 진다는 것은 잘못된 행동wrongdoing에 이름을 붙여주는 것"나는 XYZ라는 것을 했다", 피해를 입힌 것을 인정하는 것

"그 결과, 사람들이 어떻게 상처받고 있는지.…", 보상할 방법을 찾는 것"나는 결코.…하는 것으로 다시는 그런 일을 하지 않도록 할 것이다", 최대한 바로잡기 위한 일을 하는 것"나는.…함으로써 배상하도록 애쓸 것이다"을 의미한다.

부정에서	➡	잘못을 명명하기로
(잘못을) 축소하는 것에서	➡	피해를 인정하는 것으로
합리화에서	➡	책임의 인정으로
정당화하는 것	➡	책임을 지는 것으로

어떻게 이것이 가장 잘 성취될 수 있을까? 회복적 정의 프로세스는 초대의 성격을 갖는다; 즉, 그들은 지원의 맥락에서 개인에게 책임을 묻는다. 사람을 친절하게 대할수록 그 사람도 똑같이 하는 법을 배우게 될 것이란 희망이 있다. 그것은 순진하지도 않고, 잘못된 행동을 축소하거나 부인하는 것도 아니다. 그것은 가해자를 인간으로써 존엄과 존중을 가지고 대하는 것으로 범행 사이클offense cycle을 이해할 수 있고, 미래의 안전계획을 실행함으로써 해로운 선택을 직시할 수 있도록 한다. 회복적 정의는 현실에 근거하여 실용적이다. 성범죄자는 종종 다른 사람보다 더 면밀히 모니터링하기 위해 정기적인 감독이 필요하다. 회복적 정의는 명확한 경계, "행동

적 기대, 책임을 지는 어려운 일을 요구한다. 우선순위는 항상 안전이다.

지원

성범죄를 저지르는 것은 심각한 정도의 상처를 동반한다. 회복적 정의는 이러한 유형의 폭력을 자연스럽지 않은 것으로 간주한다. 이것은 병인가? 생각이나 판단의 오류인가? 그 자신의 어린 시절에 겪은 트라우마의 재현re-enactment인가? 중요한 것은 이러한 질문들에 대해 진지하게 고민할 수 있도록 안전한 공간이 성범죄자에게 주어질 필요가 있다는 것이다. 회복적 정의 프로그램이 트라우마의 정보에 기반한 피해자의 관점trauma-informed lens12에서 지원을 하는 것은 도움이 된다. 사람이 정신적 충격을 받으면 종종 다른 사람들과 다르게 관계를 맺는다. 관계는 불신이나 미숙하거나 손

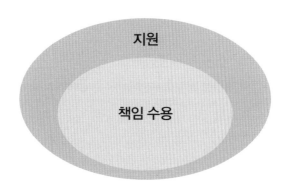

상된 감정으로 인해 갈등과 폭력의 특징을 갖기도 한다. 많은 성범죄자들은 어린 시절 트라우마의 경험을 갖고 있다. 지원은 책임수용만큼이나 치유를 위한 맥락을 제공한다.

무력화 Incapacitation 13

회복적 정의는 그리 단순한 문제가 아니다. 많은 가해자는 책임을 진다고 하는 새로운 도전에 다가가지 못하고, 그로 인해 자신과 다른 사람들에게 위협이 된다. 형사사법제도는 가해자를 무력화할 수 있다. 회복적 정의는 그렇지 못하다. 그럼에도 불구하고 회복적 정의의 정신은 여전히 유지되고 있다. 예컨데, 바바라 테이브스Barb Toews는 그녀의 책『교도소에서의 회복적 사법*The Little book of Restorative Justice for Peolpe in Prison*』에서 교도소라는 맥락에 회복적 정의의 정신을 사용하는 것에 대하여 이야기하고 있다. 회복적 정의는 인도적으로 무력화 하는 것과 관계가 있다. 교도소에서 수감자의 정신을 손상시켜 더 위험하게 만들 것인가 아니면 재활과 상호유대를 촉진시키는 인도적 방법으로 무력화할 것인가? 사회적으로 우리는 우리의 개입에 책임을 져야 한다: 그렇다면, 그들이 책임을 수용하도록 장려할 것인가? 아니면 단순히 더욱 위해harm가 되도록 할 것인가?

신뢰 Belief

근본적으로, 회복적 정의는 사람의 변화 능력을 믿는다. 사람이 엄청난 위해의 능력을 가지고 있는 만큼, 올바른 지원을 통하여 변화할 수 있는 능력도 가지고 있다. 종종 가해자와 그의 주변인들은 그를 포기해 버리곤 한다. 그러나 회복적 정의의 접근은 비폭력 관계의 가능성을 믿는다. 가해자가 자신이 저지른 해악뿐만 아니라 스스로를 이해할 수 있도록 변화하기 위해서는, 그를 약화시킬 안전한 공간을 필요로 한다. 안전한 공간이란 가해자가 자신을 방어할 필요가 없는, 그래서 약해져도 되는 공간을 의미한다. 브렌 브라운Brene Brown은 우리에게 취약성vulnerability은 수치심으로부터 멀어져 공감을 향한다고 말한다.[14] 사람이 공감을 느끼면 느낄수록 그가 미래에 다른 사람을 해칠 가능성은 더 적어진다.

협력관계 Partnership

성범죄자에게는 상호 의견을 전달해 줄 전문가와 공동체가 필요하다. 성범죄는 은밀하게 일어나지만 범죄자에게 은밀하게 책임을 묻기는 어렵다. 회복적 정의의 실무가가 정기적으로 사법전문가, 심리치료사와 소통하는 것은 어려운 일이다. 책임, 지원, 무력화, 신뢰의 과제는 다수 관계자가 참여하지 않고 단독으로 수행할 수는 없다.

공동체는 무엇을 원하는가?

공동체는 또한 성학대의 피해자이기도 하다. 어떤 때는 가족 한 사람의 행동에 의해 충격을 받은 가족공동체이기도 하다. 또 어떤 때는 믿을 만한 지도자의 성학대가 폭로되어 섬뜩한 신앙 공동체일 수도 있다. 또 다른 때는 성학대가 반복될까 두려워하는 대학 캠퍼스이기도 하다. 공동체는 피해자로서 이하의 것들을 필요로 한다: 즉 안전, 정보, 진술, 권한강화, 교육. 공동체는 또한 책임이 있다. 성학대를 야기하는 뿌리를 제거하기 위해 무엇을 할 수 있는가? 장래의 피해를 예방하기 위한 대책으로 공동체가 성학대에 어떻게 대응할 것인가? 어떻게 하면 가해자에게 적절한 책임을 수용하도록 하는 동시에 피해자와 가해자를 가장 잘 지원할 수 있을까? 정의는 공동체의 문제이다. 일단 우리가 정의를 상처입고 상처를 입힌 사람들의 필요를 충족시키는 것으로 이해한다면, 우리는 성학대에 접근하기 위하여 회복적 정의의 몇몇 원칙들을 분명히 할 수 있을 것이다.

성학대에 대응하는 회복적 정의의 핵심원칙

1. 피해자를 신뢰한다.

2. 피해자를 위한 신체적, 정서적 안전을 확보한다.

3. 피해자가 치유받을 수 있는 기회를 만들 것: 선택을 통하여 권한 강화

4. 지원의 맥락에서 가해자가 책임을 수용하도록 한다. 책임을 수용할 수 없을 때엔 분리와 무력화가 선택된다.

5. 가해자가 잘못을 인정하도록 격려하고, 성범죄 사이클을 밝혀서 성학대가 야기한 피해의 영향을 이해함으로써, 공감과 변화를 지향하도록 한다.

6. 피해자로써 공동체 구성원의 요구를 밝히고 진술한다.

7. 성범죄의 회복을 지원하려는 변화의 맥락에서 공동체 구성원의 의무를 파악하고 고려한다.

성학대의 예방을 위한 회복적 정의의 핵심 원칙

1. 회복적 정의는 그것에 대하여 이야기하는 것으로 성학대의 비밀은밀성을 약화시킨다.

2. 피해자, 가해자, 그리고 공동체와의 지원, 책임, 건전한 관계를 구축하는 것은 장래에 더 이상의 피해가 일어나지 않도록 기여하게 된다.

3. 공동체는 갈등과 폭력을 해결하기 위한 권한이 필요하다.

회복적 정의 실무자를 위한 핵심 원칙

1. 다른 전문가들과 협업적 접근은 매우 효과적이다. 이것은 형사
   사법전문가와 심리치료전문가를 포함하기도 한다.
2. 실무가는 왜 성학대가 젠더에 기반한 폭력을 영속시키는 가부
   장제와 연관되어 있는지를 명확하게 표현할 수 있을 때 더욱
   체계적으로 일할 수 있다. 남성은 가해자가 될 가능성이 더 높
   다.
3. 실무가는 트라우마 정보를 가지고 활동할 때 더욱 체계적인 준
   비를 갖추고 일할 수 있게 된다.
4. 실무가는 성범죄를 사이클로 이해할 때 더욱 체계적인 준비를
   갖추고 일할 수 있다.
5. 회복적 정의 프로그램은 사법이 요구하는 것에 대해 항상 최선
   이거나 가장 완벽한 선택이 아니다. 실무가는 그들의 한계를
   알고 있을 필요가 있다.

요컨대, 회복적 정의는 피해를 다루고 예방하기 위한 이념 틀이
다. 이러한 관점에서 정의는 먼저 피해자의 필요를 충족하고 둘째
로 지원의 맥락에서 가해자에게 책임을 부여한다. 더 넓은 공동체

또한 고려해야 한다. 다음 장들에서 우리는 사례를 제공하고, 회복적 정의가 각각 이해관계자들에게 어떻게 더 구체적으로 적용될 수 있는 지를 설명할 것이다.

4장 · 피해자 : 사례연구

일상적 상황들을 조합한 다음 이야기는 성피해 경험과 관련된 여러 주제를 담고 있다.

브렌다는 계부인 토니로부터 성학대를 받았다. 그녀가 8살 때, 계부가 그녀 가족과 함께 살러 들어온 지 얼마 되지 않아 성학대가 시작되었다. 성학대는 대부분 그녀의 어머니가 일하러 나가 있는 동안 이루어졌으나, 집 안에 다른 가족이 잠든 사이에도 이루어졌다. 외부에서 보면, 토니가 성범죄자라고는 아무도 생각지 못했을 것이다. 토니는 말씨도 부드럽고, 온화한 성품에 지역사회를 위해 많은 일을 하였었다. 사실, 그는 브렌다의 숙제를 돕거나 야구팀 코치를 하는 등 브렌다를 위해서도 많은 것을 해주었다.

브렌다는 10살 때 실제로 어머니에게 이야기하려고 하였지만, 어머니는 화를 내며 브렌다를 믿으려 하지 않았고 그런 끔찍한 이야기는 다시는 꺼내지도 말라고 하였다. 브렌다의 세상은, 특히 폭로를 시도한 이후에, 엉망이 되어버렸다. 브렌다는 피가 날 때까지 펜으로 자신의 다리를 찌르며 자해를 하기 시작하였다. 선생님들은 브렌다가 문제라고 생각하였다. 그녀 친구들의 부모들도 그녀가 문제라고 생각하였다. 브렌다도 자신이 문제라고 생각하였다.

브렌다가 13살이 되었을 때, 계부가 브렌다를 강간하여 브렌다는 임신을 하게 되었다. 낙태가 몰래 진행되었는데 당시 의료진은 브렌다가 선배 소년들과 문란하게 지냈다고 들었다. 성학대는 15세 무렵 브렌다가 마침내 집으로부터 달아난 후에야 비로소 멈추게 할 수 있었다. 이때쯤 브렌다는 약물에 심하게 빠져 있었고, 조울증 진단을 받았으며, 수 차례 자살을 시도했었다. 20대 초반 즈음까지, 브렌다는 남자들과 연이은 학대적 관계를 겪었다. 결국, 자신의 피해 이야기를 믿고 지원해 준 친구의 도움을 받고서야 브렌다는 자신에게 일어난 일들을 들여다 보고 치유하기 시작하였다.

이 이야기는 조작, 믿음에 대한 배신, 가족에 의한 학대, 수많은 문제들로 이어지며, 종종 다른 가까운 관계들마저 훼손시키는 성학대 생존자가 겪는 경험들로 상당히 흔한 사례이다. 그 패턴은 앞서 설명한 사이클과 유사하다. 이 장에서는 대응을 위한 회복적 정의의 선택지들을 탐구하고, 이를 치료 및 법적 선택지와 비교한다. 프로그램의 실제 사례들로 이 장을 마무리하면서, 피해자화victim-ization에 대한 총체적이고 자원화된 대응의 필요성을 강조한다.

치료, 형사 사법, 그리고 회복적 정의

성폭력 지원센터는 수십년 동안 최전선에서 성학대 여성 생존자에게, 또 최근에는 남성들에게도 지원을 제공하고 있다. 센터에서 얼마 안되는 예산으로 제공하는 지원은 놀랄만하다. 여기서, 생존자들은 그룹상담뿐 아니라 개인상담도 이용할 수 있다. 또한 일반적으로 성폭력 지원센터는 생존자들이 안전 계획safety plans을 수립하도록 도와주고, 법정 동행 서비스court accompaniment도 제공한다. 그리고, 생존자들을 침묵하게 하는 사회적 신화를 타파하고 성학대에 대한 인식을 증진시키기 위하여 스태프들은 대중교육 활동을 하기도 한다. 심리학자와 상담기관 같은 여타 전문가들과 단체들은 또한 치료서비스를 제공한다.

치료는 피해자들의 많은 필요를 충족시킬 수 있다. 위의 시나리오에서, 브렌다는 상담을 통해 말할 상대를 만나는 도움을 받을 것이다. 트라우마 전문가 주디스 허먼Judith Herman의 말대로, 기억하고 슬퍼하고 다시 연결하는 것이 중요하다.[15] 학대행위를 명명하고,

묘사하고, 이야기로 풀어내는 것은 종종 도움이 된다. 자신을 엄청나게 고립시킬 수 있는 감정적·신체적 피해로부터 벗어나 다른 이들과 건강한 관계를 맺도록 하는 기회가 중요하다. 인간은 본성상 사회적이며, 우리는 완전히 인간이 되기 위해서는 다른 사람들이 필요하다. 성학대의 생존자들은 학대를 당하지 않았더라면 그들의 삶이 어떻게 달라졌을지 궁금해 할 공간이 필요하다. 브렌다는 그녀 삶의 이 부분을 어떻게 이해하고 표현할지 파악하기 위해 슬퍼할 공간이 필요하다.

피해자는 형사사법적 대응도 가능하다. 브렌다는 학대 사실을 경찰에 신고하기로 선택할 수 있다. 그녀는 법원이 자신의 트라우마적 경험을 입증해 주기를 바랄 것이다. 가해자가 유죄로 판명되어 형이 선고되면, 피해자의 고통이 인정되는 하나의 길이 될 수 있다. 그러나, 서구 형사사법체계는 종종 5%에도 못 미치는 낮은 체포 및 유죄선고율로 악명높다. 법적 정의는 사실 발견, 즉, 진실을 입증하려는 시도에 관한 것이다. 가해자는 유죄가 입증되기까지는 무죄이다. 저자Judah는 성학대의 한 생존자가 법원에서의 피해 경험을 "**진실로 입증될 때까지 거짓말하기**"로 묘사하는 걸 들었다.

형사사법 체계가 개입되면, 피해자들은 종종 그들 사건에 대한 통제권을 잃는다. 브렌다는 범죄를 신고한 후에는 무슨 일이 있었는지에 대해 거의 발언권을 갖지 못할 수 있다. 가해자가 무죄를 주장할 경우, 피해자는 피해자 진술의 신빙성을 떨어뜨리려는 가해자 변호인의 반대신문을 받을 가능성이 크다.

브렌다는 또한 가해자가 다른 사람들을 해할까 두려워 경찰서에 갈지도 모른다. 그녀는 확실하게 그를 멈추게 하고 싶어 한다. 비록 그것이 자신의 책임이 아닌데도, 생존자들은 이러한 부담을 짊어지고 있다. 그 핵심은 생존자들이 자신들에게 일어난 일이 다른 사람들에게는 발생하지 않도록 확실히 하고 싶어 한다는 점이다. 이것을 실현하는 유일한 방법으로 생각되는 것이 감옥인 이상, 생존자들은 심지어 가해자에 대해 상반되는 감정을 갖고 있더라도 사법체계에 의존하게 된다. 즉, 생존자들이 경험한 것처럼 가해자가 고통을 겪기를 원하거나 필요하다고 느끼지 않는다고 하더라도 말이다. 비록 유죄선고율이 낮고 피해자들이 종종 형사절차에서의 2차 피해즉, 반대신문에 관하여 호소하지만, 몇몇은 형사사법을 통해 정당성vindication을 경험한다.

회복적 정의와 성학대 피해자

회복적 정의 실무가들은 생존자들을 지원하기 위한 몇 가지 프로그램 옵션들을 고안해 왔다. 만남 기반encounter-based의 방식에서는, 적절한 경우, 피해자, 가해자, 공동체 구성원 간의 대화를 용이

하게 하는 기회를 제공한다. 지원 기반support-based의 방식에서는, 특히 피해자의 치유에 대한 요구를 충족시키는데 초점을 맞추고 있다. 프로그램 여하를 불문하고, 회복적 정의는 기본적으로 하나의 이념틀이라는 점을 기억하는 것이 중요하다. 앞의 장에서 나온 원리들은, 일반적인 피해자들의 필요를 이해함과 아울러, 피해자와 함께 풀어나가는데 지침으로 기능할 수 있다.

회복적 정의 대화로 다룰 수 있는 요구들

대면 만남을 용이하게 하는 형태의 '회복적 정의 대화restorative justice dialogue'가 하나의 옵션이다. 피해자들은 때로는 그들의 삶이 얼마나 영향을 받았는지 가해자가 이해해 주기를 원한다. 또 때로

대답 (Answers)	• "왜 나를?" • "왜 그런 짓을 했지?" • "변화하기 위해 무엇을 하고 있는가?"
권한강화 (Empowerment)	• 가해자와 대면하기 • 무엇을 묻고 답할지 결정하기
정당성 (Vindication)	• 피해자가 어떤 영향을 받았는지 가해자에게 말해주기 • 가해자가 잘못했다고 하는 것을 들어주기

는 피해자들은 물어보고 싶은 게 있거나 가해자가 뉘우치고 있는지 알고 싶어 한다. 회복적 정의 대화는 적절한 경우 가해자와 피해자 간의 대화 조성을 위한 기회를 제공함으로써 치료와 형사사법 간의 간극을 메울 수 있다.

회복적 정의 대화를 통해서 피해자들은 권한을 강화empowering할 수 있다. 그러나, 그토록 큰 상처를 준 사람과 직접 대면하는 것은 엄청난 용기를 요한다. 따라서, 대화가 긍정적으로 진행될 수 있도록 확실히 하기 위해서는 회복적 정의 진행자facilitators가 피해자 및 가해자 그리고 지원자 모두와 함께 많은 준비 작업을 한다. 진행자는 트라우마에 대한 배경지식을 갖추어야 할 뿐만 아니라, 홀로 고립되어 기능해서는 안된다. 심리치료사나 형사사법 전문가 등 다른 서비스 제공자와 협력하지 않는 경우, 적어도 진행자는 다른 스태프에게 책임질 수 있어야 한다. 이러한 이유에서, 많은 회복적 정의 대화 프로그램은 적어도 두 명의 공동 진행자들을 이용한다. 로레인 수투츠만 암스투츠Lorraine Stutzman Amstutz는 저서『피해자 가해자 대화모임: 피해자와 가해자를 함께 대화의 장으로 초청하기』 *Victim Offender Conferencing: Bringing Victims and Offenders Together in Dialogue* 에서 대화 절차와 관련된 긴 준비 작업에 관하여 기술하고 있다. 그 고려요소로는 안전, 지원, 정신건강 문제, 자살 생각, 중독, 문화, 참여 목적, 대화로 이루고자 하는 희망사항 등이 있다.

만남 기반의 회복적 정의 옵션들을 탐구하는 다른 정의와 평화 실천 시리즈는 다음과 같다:

- 앨런 맥래Allan MacRae, 하워드 제어Howard Zehr 저, 『가족집단 컨퍼런스』*Family Group Conferences*
- 케이 프라니스Kay Pranis 저, 『서클 프로세스』*Circle Processes*
- 데이비드 카프David Karp 저, 『대학에서의 회복적 정의』*Restorative Justice for Colleges and Universities*

피해자-가해자 대화 프로그램의 한 예로 캐나다 교정청Correctional Service Canada 회복적 정의과Restorative Justice Division의 회복적 기회 프로그램Restorative Opportunities program이 있다. 이 프로그램은 피해자와 2년 이상의 징역형이 선고된 연방 범죄 가해자 간에 안전하고 용이한 연락 지원의 기회를 제공하고 있다. 연락에는 서신교환, 셔틀 조정shuttle mediation, 비디오, 대면 대화가 포함될 수 있다. 모든 연락은 고도로 훈련된 조정자에 의해 진행되며facilitated, 조정자는 적합성 심사를 위해 기나긴 평가 작업을 수행한다.

회복적 기회, 캐나다 교정청

(Restorative Opportunities, Correctional Service Canada:

프로그램 개요: 이 프로그램은 "범죄로 인해 직간접의 피해를 입은 분들에게 그러한 피해를 야기한 가해자와 소통할 수 있는 기회를 제공합니다. [이는] 관련자 누구나 자발적으로 참여할 수 있는 재판후 프로그램(post-sentence program)입니다. 이 프로그램은 전문 조정자의 도움을 받아, 참가자들이 정의하는 대로, 참가자들의 요구에 가장 잘맞는 다양한 피해자-가해자 조정 모델을 이용할 기회를 모색합니다.… 피해자는 자신의 이야기를 들려줄 수 있고, 범죄가 피해자의 삶에 미친 신체적, 감정적, 재정적 영향에 관하여 가해자에게 설명하며, 범죄와 가해자에 대하여 풀리지 않은 의문점들을 살펴보고, 가능한 경우, 발생한 피해를 다루기 위한 방법들을 개발하는데 직접 참여할 수 있습니다."

출처: www.csc-scc.gc.ca/restorative-justice/00305-1000-eng.shtml

　

회복적 정의 대화는 몇 가지 한계가 있다. 첫째, 가해자의 신병이 확보될 것을 요하는데, 성학대 사건의 경우에는 종종 그렇지 않은 경우가 있다. 둘째, 회복적 정의 프로그램은 가해자가 자신의 행위에 대하여 어떤 책임있는 조치를 취할 것을 요한다. 모든 가해자가 책임지려 하는 것은 아니다. 셋째, 회복적 정의 접근방식은 아무리 잘해도 제한적이다. 회복적 정의 대화가 언제나 적절하거나 가능한 것은 아니다.

성학대 피해자 지원에 기반한 회복적 정의

이러한 점에 비추어, 일부 회복적 정의 프로그램은 생존자에게 지원을 제공하는 데에만 초점을 맞추고 있다. 캐나다 키치너Ktichener시 공동체 정의 이니셔티브Community Justice Initiative, CJI의 동료 지원 프로그램peer support program이 이러한 예이다.

워털루 지역의 공동체 정의 이니셔티브 생존자 프로그램

프로그램 개요: 회복적 정의 원칙에 입각하여, 공동체 정의 이니셔티브(CJI)는 성학대 생존자를 위해 동료 지원(peer support)과 교육 그룹(education groups)을 제공합니다. 교육 내용의 주제로는 자기 돌봄(self-care), 정서 인식(identifying emotions), 신체 이미지, 건전한 관계 구축 등이 있습니다. 지원 단체들은 훈련된 지역 사회 봉사자들의 조력을 받아, 생존자들이 서로를 돌보며 고립감을 줄이고 생존의 역경을 함께할 공간을 제공합니다.

출처: www.cjiwr.com/survivor-support.htm

회복적 정의와 성학대 피해자에 관한 연구

종종 회복적 정의 프로그램은 안전이나 2차 피해 등의 이유로 성학대나 가정폭력 사건을 맡기 꺼린다. 일부 프로그램은 이러한 분야에도, 피해자를 위한 선택지를 확대하고 치료와 형사사법의 안전한 대안에 대한 요청에 응할 필요가 있어, 조심스럽게 지원이나 프로그램들을 제공한다. 이 주제에 관한 연구는 아직 예비단계지만, 몇몇 연구 논문들은 회복적 정의를 유망한 실무관행으로 파악하고 있다.

- 캐슬린 댈리Kathleen Daly는 호주에서 소년범에 의한 성폭행sexual assaut 사례 400건을 추적하여, 법정 절차를 이용한 경우와 회복적 정의 대화모임을 이용한 경우의 결과를 비교하였다.[16] 이 연구에서 피해자는 회복적 정의 절차에 의하는 경우, 가해자가 유죄를 인정하고 책임을 수용하여 조치를 취하는 방향으로 나아가기 때문에, 2차 피해의 경향이 덜한 것으로 결론지었다. 대화모임에 참여한 가해자는 또한 재범 가능성도 더 낮았다.

- 클레어 맥글린Clare McGlynn, 니콜 웨스트말랜드Nicole Westmarland, 니키 고든Nikki Godden의 연구에서는 성학대 생존자와 가해자 간의 대화 사례를 이용하여, 회복적 정의가 피해자의 요구를 충족시킬 수 있는 가능성에 관하여 탐구하였다.[17] 저자들

은, 적절히 준비가 이루어진다면, 피해자들은 자신이 정의하는 방식으로 이야기할 수 있고, 자신에게 중요한 질문들을 물을 수 있으며, 그들의 경험이 존중되면서, 개인적인 권한을 되찾을 수 있기 때문에, 그러한 대화에 어느 정도 가능성이 있음을 제시하고 있다.

• 회복적 정의 절차에 참여한 피해자의 만족도에 관한 연구들에서는 전형적으로 회복적 정의가 전통적인 형사사법체계보다 우수하다는 점이 강조되고 있다. 티네케 반 캠프Tinneke Van Camp와 조-안느 웨머스Jo-Anne Wemmers의 연구에 의하면, 피해자들은 회복적 정의가 자신의 목소리를 들어주며, 결과에 대해 의견을 말할 수 있고, 조정자가 신뢰할 만하고 공평하다는 점에서 절차적으로 정당하다고 보기 때문에, 흔히 만족스러워하는 것으로 파악되고 있다.[18]

연구에서는 다음 사항의 개입 필요성을 확인하고 있다:

1. 피해자들이 겪어온 바를 존중한다.
2. 피해자들이 자신의 경험을 어떻게 명명할지에 대한 통제권을 갖도록 한다.
3. 그리고 가해자의 책임을 증진시킨다.

연구에서는 또한 회복적 정의에서 고려해야 될 우려사항도 규명하고 있다.

1. 힘의 불균형을 포함하여 피해자 안전이 적절히 고려되고 있는 가?
2. 회복적 정의가 성폭력sexual violence을 공동체로 다시 떠넘김, 즉 젠더 기반 폭력을 재사유화함re-privatizing으로써 법적·형사적 쟁점을 축소시킬 위험이 있는가?

요컨대, 회복적 정의의 이념틀은 성학대 피해자가 어떤 형태로든 정의를 경험할 수 있도록 가능한 선택지를 확대하고 있다. 또한, 피해자들의 요구를 우선으로 하고 있다. 실무상, 회복적 정의 프로그램은 전형적으로 대화 절차를 제공하고 있다. 이는 대체로 피해자들이 자신의 트라우마 경험을, 때로는 가해자를 포함하여, 타인과 이야기하도록 지원해 줄 것에 대한 요청의 결과이다. 다음 장에서는, 성범죄를 범한 자들에 관한 논의로 넘어간다.

5장 · 가해자 : 사례연구

마이클은 미성년자 성매매 권유soliciting sex with a minor 혐의로 위장수사에서 체포되었을 때, 완강하게 이런 류의 행위에 연루된 것은 이번이 처음이라고 하였다. 그는 인터넷에서 아동 포르노 영상을 간혹 본 적이 있음은 인정하면서도, 지금까지 어떤 충동에 따라 행동에 나선 적은 결코 없었다고 하였다. 5년과 3년의 징역 기간이 지나고 나서, 마이클은 그의 행위가 자신이 어린 시절 가족에 의해 겪었던 학대의 결과였다고 믿고 있다. 그러나, 이것이 자신이 저지른 학대 범행에 대한 변명은 아니다. 그는 자신이 선택한 잘못을 인정하고, 성범죄자로 등록된 채 남은 여생 동안 그 선택에 대한 대가를 치를 것임을 인식하고 있다. 우리 사회가 그를, 그의 표현에 따르면, '현대판 나환자modern-day leper'로 본다는 것도 알고 있다. 마이클은 그의 삶에 관여하여 계속 그에게 책임을 지도록 선택한 사람들의 신뢰를 얻을 필요가 있을 것이다.

실종 및 착취 아동센터Center for Missing and Exploited Children에 따르면, 미국에 747,000명의 등록 성범죄자가 있고, 캐나다에 16,295명의 등록 성범죄자가 있다.[19] 그러한 성범죄자들 중 많은 경우 형기를 마치면 우리 공동체로 돌아온다. 유감스럽게도, 매일 함께 걸어줄 지지자들이 있는 사람들은 많지 않을 것이다. 성범죄를 저지른 자들에 대한 우리 사회의 혐오로 인해, 가해자들은 우리 공동체에 대한 위험을 줄이기 위해 제정된 법에 의하여 의도적으로 격리되고 있다. 일부 성범죄자들은 학교, 보육센터, 공원 또는 놀이터 인근에 가까이 사는 것이 법률상 금지된다. 일부 도시에서는 이러한 금지범위를 수영장, 버스정류장, 도서관 기타 아동이 존재할 가능성이 있는 지역까지 확대하고 있다. 아동 성범죄자들에 대하여 아동 접근을 제한하는 것에는 일부 장점이 있다. 그러나, 이러한 법률로 인해 의도치 않게 우리 공동체에서 성공적으로 살아갈 방법을 찾으려 애쓰는 사람들에게 스트레스 요소를 악화시키는 결과가 될 수도 있다. 이미 존재하는 고립감과 수치심을 가중시킴으로써, 사회는 재범에 영향을 미치는 주지의 요인들에 기여하고 있는지도 모른다.

데니스 챌린Dennis Challeen판사는 우리가 가해자에게 어떻게 하는지 다음과 같이 요약하고 있다:

우리는 그들이 자존감을 갖기를 바란다.

그래서 우리는 그들의 자존감을 파괴한다.

우리는 그들이 책임지기를 바란다.

그래서 우리는 모든 책임을 제거한다.

우리는 그들이 우리 공동체의 일부이기를 바란다.

그래서 그들을 우리 공동체로부터 고립시킨다.

우리는 그들이 긍정적이고 건설적이기 바란다.

그래서 우리는 그들을 비하하며 쓸모없게 만든다.

우리는 그들을 신뢰할 수 있기를 바란다.

그래서 우리는 그들을 신뢰가 없는 곳에 둔다

우리는 그들이 비폭력적이기를 바란다.

그래서 우리는 그들을 주변에 온통 폭력이 있는 곳에 둔다.

우리는 그들이 친절하고 사랑이 가득한 사람이기를 바란다.

그래서 우리는 그들을 증오와 잔인함의 대상으로 삼는다.

우리는 그들이 무법자 짓을 그만두기를 바란다.

그래서 우리는 무법자가 존중받는 데에 그들을 둔다 .

우리는 그들이 루저들과 어울리는 것을 그만두기를 바란다.

그래서 우리는 모든 루저들을 한 지붕 아래 있는 상태에 둔다.

우리는 그들이 우리를 착취하는 것을 그만두기를 바란다.

그래서 우리는 그들을 그들끼리 서로 착취하는 곳에 둔다.

우리는 그들이 자신의 삶을 통제하고, 스스로 문제의 주인이 되어, 기생충 생활을 그만두기 바란다.

그래서 우리는 그들이 전적으로 우리에게 의존하게 만든다.[20]

희망은 어디에?

희망은 원하는 것을 가질 수 있다는 또는 일이 최상으로 **잘 되리라**will는 심리로 정의된다. 우리는 희망이 있으면, 그로 인해 건강한 방식으로 살아 나아가고, 우리의 행동에 대하여 책임을 질 수 있으며, 우리 주변환경과 친사회적인 방식으로 관계를 맺게 된다는 것은 주지의 사실이다. 사람들은 그들이 기여한 선행보다 그들이 저지른 최악의 일로 기억될 때, 희망은 유지되기 어렵다. 예를 들어, 버클리 수영팀의 마틴 셀리그만Martin Seligman 박사는 '낙관주의자' 또는 '비관주의자'로 평가된 수영선수들을 관찰하는 연구를 실시하였다. 그는 첫 번째 수영경기에서 시간을 잰 후, 매번 수영선수들에게 실제시간보다 느린 시간을 알려주었다. 그러자, 두 번째 경기에서, 낙관주의자 그룹은 더 빨리 수영하였고, 두 번째 그룹인 비관주의자는 더 느리게 수영하였다.[21] 우리가 소외시키고 비하하는 사람들에게 어떻게 낙관론을 자아낼 수 있겠는가? 우리의 목표가 "더 이상의 피해자가 없는 것"이라고 한다면, 행동의 변화를 바랄 뿐만 아니라, 가해를 한 자에게 희망을 키우는 통로를 만들 필요가 있다.

성범죄자들이 우리 지역사회에 재통합시 직면하는 어려움과 대중의 염려를 고려한다면, 우리는 어떻게 가해자 및 그들이 사랑하는 사람들에 대한 책임accountability과 지원support을 포괄하는 방식으로 작업할 것인가?

가해자 재통합

성범죄자에 대한 치료처우treatment를 둘러싸고는 논란이 있다. 누구에게나 다 들어맞는 방식은 없다는 것이 난제라는 점에는 많은 이들이 동의할 것이다. 성범죄자들은 동질적 집단이 아니며, 치료처우는 각 객인별 가해행위의 이유에 비추어 구체적인 필요에 따라 맞춤 설계될 필요가 있다. 모든 성범죄자가 높은 재범율이 있는 것도 아니다. 재범가능성을 증가시키는 요인을 보다 정확하게 파악하는데 진전이 이루어지고 있어, 예방조치precautions와 치료처우가 보다 효과적으로 되고 있다.

회복적 정의의 가치와 원칙을 고려할 때, 중요한 형태의 치료처우는 한 사람의 감정적, 정신적, 육체적, 사회적, 영적 부분들의 전체적 균형을 추구하는 것이다. 이러한 요소들은 개인 행동의 부정적 측면 뿐만 아니라, 서로 맞물려 있다는 점을 인정하면서, 개인의 강점에도 또한 초점을 맞추어야 한다.

우리는 유대감을 느끼며 우리 자신이 중요하다는 것을 알고 있을 때, 잠재력을 더 충분히 발휘하며 살 수 있다.

플로리다주 팜비치카운티Palm Beach County에는, 고故 딕 위더로 우Dick Witherow 목사가 성범죄자들이 살 곳을 찾는 데 어려움을 겪는 것을 보고 설립한 기적마을Miracle Village이 있다. 가장 가까운 동네로부터 2마일 정도 떨어진 이 마을에는 약 200명이 거주하고 있다. 100명 이상이 성범죄자로 등록된 자들이다. 그들은 다른 여타 공동체와 마찬가지로 안전과 예방에 대해 염려하고 있다. 기독교 공동체이기는 하지만, 이 마을에서는 비기독교인들도 환영한다. 거기에는 성경과 분노관리 수업이 있으며, 대부분의 성범죄자들은 치료프로그램에 참가하고 있다. 그들은 공동체 안에서 살아가려고 열심히 노력하면서 매주 성범죄자 추적팀Sexual Predator and Offender Tracking Unit 형사의 모니터링을 받고 있다.[22]

1994년, 캐나다 메노나이트 중앙위원회는 고위험군 성범죄자들 석방에 대한 공동체의 대응을 돕기 위하여 '지원과 책임 써클Circles of Support and Accountability COSA 을 개발하였다. 이러한 범죄자들은 캐나다 교정청Correctional Services Canada, CSC 의 추가적 지원이나 책임 준수사항accountability requirements 또는 감독 없이 공동체로 돌아가고 있다. 캐나다 교정청 사제단CSC Chaplaincy은 이 프로그램을 지원하며, 성범죄자를 만나 정기적 지원을 담당할 4~7명의 자원봉사자를 제공한다. COSA 강령은 "석방된 개인들이 공동체에 통합되어 책임감 있고, 생산적이며, 책임지는 삶을 영위하는 일에 조력하고 지원함으로써 공동체 구성원의 장래 성범죄 피해 위험을 실질적으로 줄이는 것"이다.[23]

그러한 임무 수행을 위한 COSA 핵심 가치는 다음과 같다:

- 우리는 공동체가 석방된 성범죄자의 공동체로의 안전한 재진입뿐만 아니라 피해자의 안전한 회복과 치유를 위한 책임을 부담함을 확인한다.

- 우리는 우리에게 치유의 일을 대리하는 소명을 맡기신 사랑과 화해의 창조주를 믿는다. COSA 프로그램은 흔히 신앙에 기반하고 있다.

- 우리는 성학대와 성폭행의 피해자 및 생존자들 간에 계속되는 고통과 치유 필요성을 인정한다.

- 우리는 책임감 있고, 안전하며, 건전하고, 생명을 주는 방식으로 전과자들과 함께 '공동체를 되살리고자' 한다.

- 우리는 공동체 안에서 우리의 삶을 서로 나누며 사랑의 봉사에

서의 위험을 감수하면서, 급진적인 환대radical hospitality의 도전
을 받아들인다.[24]

　회복적 정의의 원칙은 COSA 업무의 근간을 이룬다. 자원봉
사자들은 '핵심 구성원core member 낙인을 덜 찍는 방식으로 가해자를 지칭하
는 용어'과 최소한 일주일에 한 번은 만나도록 하고, 특히 핵심 구성
원이 교도소 석방 초기의 경우라면 필요에 따라 매일 만날 수도 있
다. 미국에서는 COSA 프로그램 하나가 캘리포니아 교정 · 재활국
California Dept. of Corrections and Rehabilitation 으로부터 29만 달러의 보조
금을 받아 메노나이트 목사 클레어 앤 루스-헤펠바워Clare Ann Ruth-
Heffelbower 목사에 의해 개발되었다. 그녀에 의하면, "COSA의 성공
은 단순함에 있다. 그것은 두 가지 지도원칙을 따르고 있는데, '더
이상의 피해자는 없어야 한다'와 '아무도 버릴 수는 없다'이다."[25]
단순함이 쉽다는 것은 아니다. 오히려, 한 공동체가 그 임무를 '다
른' 이에게 전가하기보다는 그 구성원들에 대한 책임을 다할 때,
사람들의 삶에 대한 투자가 공동체를 더욱 안전하고 건강하게 살
수 있는 장소로 만든다고 이해하는 것이다.

지원과 책임 써클COSA에 관한 연구

COSA의 효과에 관한 연구가 계속 늘어나고 있다. 다수의 연구에서, 공동체 구성원은 고위험 성범죄자들에게 적절한 지원과 유대가 있다는 것을 알면 더 안전하게 느낀다는 것을 보여주고 있다. COSA는 공동체를 안심시키는 데 도움을 주고 있으며, 또한 재범을 현격히 줄이고 있다.

- 로빈 윌슨Robin Wilson, 재니 페차카Janine Pechaca, 미셸 프린조 Michelle Prinzo가 행한 종단적 연구에서는, COSA에 참여한 성범죄자가 COSA에 참여하지 않은 동종 범죄자들에 비해 재범 가능성이 70% 낮다는 것이 밝혀졌다.

- 사람들은 지속적으로 "COSA가 왜 그렇게 효과적인가?"라는 질문을 하는데, 메흐틸드 회잉Mechtild Hoing, 스테판 보게르츠 Stefan Bogaerts, 바스 포겔팡Bas Vogelvang 등 연구자들은 포용inclu-sion이라는 핵심원리를 강조함으로써 답한다.[26] 사람들은 더 많이 포용된다는 느낌을 받을수록, 친사회적인 방식으로 살아갈 가능성이 더욱 높아진다.

이와 같이, 회복적 정의의 전제 중 하나인 지원의 맥락 안에서 책임수용이 가장 잘 이루어진다는 점이 연구를 통해 계속 보강되고 있다. 그렇다고 해서 이것이 피해자에게 가해진 해악의 중요성이나 유효성을 축소하는 것은 아니다. 이는 단순히 수십 년간 가해자들과 작업해온 연구자 앨런 젠킨스Alan Jenkins의 표현을 빌리면, 효과적인 개입으로 해악을 야기한 자들에게 "안전한 통로"를 제공해야 한다는 것을 의미한다.[27] 나아가, 희망을 키우는 것은 또한 가해자들이 피해자 및 공동체에 대해 책임질 의무를 다하는 것도 포함한다.

책임 수용Accountability

회복적 정의의 이념틀은 단순히 '징역을 사는 것'을 넘어 책임을 지도록 촉진한다. 어떤 가해자들은 수감되어야 마땅하다. 그러나, 형벌만이 성범죄를 저지른 사람들을 다루는 유일한 도구인 경우에는, 책임 수용은 축소되게 된다.

다음은 책임 수용의 주요 특징들이다:

- 회복적 정의는 **공감**empathy하도록 고무한다. 가해자는 그들의 행동이 사람들과의 관계에 어떤 해악을 끼쳤는지 이해하도록 노력해야 한다.

- 회복적 정의는 현상태에 만족하지 않는다: 가해자들은 **변화**를 위한 조치를 취해야 한다. 왜 그들은 성범죄를 범하였는가? 그들은 자신의 생각, 행동, 환경에 대하여 무엇을 변화시킬 필요가 있는가?

- 회복적 정의는 **공동체의 안전**을 소중히 여긴다. 어떤 가해자들은 반성보다는, 붙잡혀서 그들의 삶이 어떤 영향을 받았는지에 더 관심을 갖는다. COSA 프로그램은 이러한 현실을 인식한다. 이러한 가해자들은 때로는 구금격리 또는 밀착 모니터링, 감독, 공동체 봉사자들과의 정규적 만남이 필요하다. 이 경우에는 형사사법 전문가들과의 협업이 요구된다.

- 회복적 정의는 **의무**와 관련되어 있다. 일단 성범죄를 범하기로 선택한 사람은, 다른 공동체 구성원들과 반드시 같은 권리를 가져야 되는 것은 아니다. 가해자가 그들의 "책임" 보다 "권리"에 더 초점을 맞춘다면, 회복적 정의 실무가들은 우려해야 한다. 가해자들은 공감을 갖고 변화를 도모하며 건전하게 살 수 있도록 노력하여야 한다.

이 장에서는 "책임" 보다 "희망"에 관한 언급이 더 많았다. 그러나, 원칙은, 제3장에서 상술하였듯이, 지원의 맥락 안에서 책임 인수가 가장 잘 이루어진다는 것이다. 한편으로, 가해자의 주된 책임은 확실히 책임수용이다. 다른 한편, 회복적 정의의 이념틀은, 가능한 경우, 공동체가 이와 같이 하면서 가해자를 지원하도록 독려한다. 공동체 또한 가해자의 해악적 선택행위에 의해 피해를 입었기에, 이 것은 어려울 수 있다. 이에 관하여는 다음 장에서 논의하기로 한다.

6장 · 공동체 : 사례연구

사라는 오랫동안 한 교회의 신도였다. 그녀의 19살 아들이 그의 청년부 목사가 자신을 수년 전 성추행 했다고 밝혔다. 그목사는 아직도 교회에서 동일한 직책에 재직하고 있었다. 사라는 그 소식에 역겨움을 느꼈다. 반면, 사라는 아들이 그 사실을 그녀와 공유할 만큼 충분히 용기를 내주어 자랑스러웠다. 그녀는 아들의 동의를 얻어, 교회 지도부의 믿을 만한 구성원에게 알리기로 결심하였다.

불행히도, 아무도 사라를 믿으려 하지 않았다. 지도부의 다른 구성원에게 접촉해 보아도, 여러 이유를 들어 그녀와 그녀의 아들이 오해하고 있을 것이라고 하였다. 그녀는 침묵해야 했다. 청년부 목사는 그 임무를 계속하도록 허용되었다. 신앙 공동체에서 행여나 다시 편안함을 느낄 수 있을지 의아해 하며, 사라는 교회를 떠났다. 그녀의 자녀가 상처를 입었고, 그녀의 신뢰는 무너졌으며, 그녀의 목소리는 침묵되어야 했고, 정의는 닿을 수 없는 곳에 멀리 있었다.

수년 후, 사라는 다른 교회 모임에 참석하라는 친한 친구의 초대를 받게 되었다. 내키지는 않았지만 사라는 승낙 하였다. 친구 집에서의 소그룹 모임에서, 사라는 이전 교회에서 일어난 일을 공유하였다. 이 소그룹의 사람들은 그녀의 이야기를 수긍하고 그녀가 경험했던 부정의를 인정하였다. 사라는 처음으로 사람들이 귀기울여 주는 것을 느꼈다.

2년 후, 사라와 교회의 다른 신도들은 현직 교회 지도부 중 한 명이 성범죄로 기소되어 유죄로 선고된 사실을 알게 되었다. 공동체는 충격과 혼란에 빠졌고, 사라는 수년 전 일찌기 느꼈던 것과 같은 감정이 되살아나기 시작하였다. 사라는 교회를 떠나기로 결심하였다. 그러나, 떠나기 전, 교회의 장로 중 한 분으로부터 회복적 정의 대화모임 참가를 초대하는 전화를 받았다. 교회는, 위기에 처한 사실을 인정하고, 적극적으로 전문가의 도움을 구하였다. 해당 피의자가 이 교회 공동체 내 구성원을 폭행한 혐의로 기소된 것은 아니었지만, 지도부는 충격과 그에 따른 결과를 다루어야 할 필요가 있음을 인정한 것이다.

의무적은 아니지만, 다른 신도들처럼, 사라도 회복적 정의 대화모임에 참석하도록 초대를 받았다. 이는 사라가 이전에 경험해 보지 못한 것이었다. 두 명의 진행자의 지도 하에, 선임

목사와 기소된 남자의 부인 등을 포함한 8명의 교회 사람으로 구성되어, 사람들은 그들의 관점을 공유하고, 필요한 것이 무엇인지 토론하며, 공동체를 어떻게 회복할 것인지를 숙고해 볼 수 있었다. 그 절차는 지극히 어려웠지만 이를 통해 사라는 자신이 가치있게 느껴졌다. 그녀는 진솔하게 표현할 수 있는 자유를 느꼈다. 또한 유죄판결 받은 남자의 아내의 관점처럼, 이전에 미처 고려하지 못했던 것도 포함하여, 다른 관점들을 듣기도 하였다.

결국, 사라는 그 절차를 통해 그녀 주변에서 일어나는 고통과 각종 문제에도 불구하고, 공동체 안에 계속 남아있을 수 있는 능력을 얻게 되었다. 그녀는 고립감 대신 유대감을 느꼈고, 유리되기보다는 독실함을 느꼈다. 그 그룹은 목표, 즉, 전향적으로 나아가려는 어떤 신념이 있었던 것이다. 6년이 지난 지금, 사라는 번창하는 교회의 신도이다.

공동체 돌봄에 관하여

유감스럽게도 사라의 이야기는 너무나도 흔한 일이다. 이는 신앙 공동체같이 성학대에 의해 영향을 받는 많은 공동체 기반 조직의 대표적 사례이다. 또한 간혹 지도자들이 선택하는 대응방식으로 인해 상처받고 단절감을 느낀 채 내버려지는 많은 개인들을 나타내기도 한다. 많은 사례에서, 조직들은 고통과 문제를 풀어 갈 준비가 적절히 되어 있지 않다. 그 결과, 성학대 사실을 이야기하면 의심을 받거나 어설프게 처리될 수 있다.

그러나, 이러한 실패가 모든 상황을 규정하는 것은 아니다. 사라 이야기의 말미에서 보았듯이, 성학대의 영향은 탄력성 회복과 성장을 위한 기회로 만들 수 있다. 사라의 이야기 및 이와 유사한 사례들은, 교회를 포함하여, 공동체 기반 조직들이 성범죄의 영향에서 살아남을 수 있다는 현실을 시사하는 것이다. 많은 경우 그래 왔다.

이 장에서는 "공동체 기반 조직은 그 안에서 성학대를 어떻게 다룰 수 있는가?"라는 물음을 다룰 것이다. 여기에 제시되는 아이디어들은 성학대가 일어난 후 공동체 구성원들을 돌봐야 할 필요성이 있음을 말해준다. 이 장에서는 조직의 일반적인 영향과 필요에 대해 설명하고, 이러한 상황을 헤쳐나가기 위한 몇 가지 제언도 포함할 것이다.

일반적 영향과 대응 방안 제언

공동체 기반 조직에서 성학대의 영향을 고려할 때, 각 개개인이 개인적인 차원에서 대응하게 된다는 점을 기억하는 것이 중요하다. 이러한 이유에서, 트라우마에 대한 인간 신체의 통상적인 반응을 이해하는 것은 조직의 집단적 반응을 이해하는 데 필수적이다. 심리사회적 트라우마의 영역으로부터 보면, 트라우마를 유발한다 trauma-inducing는 의미에서 성범죄가 흔히 "트라우마적traumagenic"이라는 점은 주지의 사실이다. 많은 사람들이 깨닫지 못하는 것은 트라우마의 파급효과가 훨씬 더 넓은 공동체 간에까지 미친다는 점이다. 주디스 허먼Judith Herman은 저서 『트라우마와 회복』Trauma and Recovery에서, 트라우마적 사건이 흔히 우리의 정상적인 현실감각을 파괴하거나 적어도 지장을 주어, 트라우마가 발생하기 전에는 없었던 필요를 남기게 된다고 설명한다.[28] 이것은 공동체 차원에도 적용된다. 위의 사례에서, 권위와 신뢰를 받는 자리에 있는 사람이 누군가에게 위해를 가할 때 특히 충격적이다. 사람들은 '어떻게 그/그녀가 이런 일을 할 수 있었을까?'라고 묻는다. 안전safety, 의미부여meaning-making, 재연결reconnection은 공동체를 위한 공통의 회복 요구이다. 트라우마가 조직에 영향을 줄 때, 그 안에 있는 사람들을 돌보는 시스템을 만드는데 적극적으로 대처하는 것은 조직의 건강에 매우 중요하다. 이것은 피해 사실을 명명하지 않고서는 이루어질 수 없다.

수치심은 비밀을 낳는다: 조직은 성학대를 부적절하고 유해한 것으로 **인정하는** 것이 중요하다. 피해자들의 요구가 우선시되어야 한다. 이것이 안전을 재확립하기 시작할 것이다.

수치심의 경험은 공동체 내에서 성학대에 대한 일반적인 반응이다. 수치심은 개인적·집단적으로 느낄 수 있으며, 흔히 존중감이나 존엄성 또는 자존감의 상실로 경험되기도 한다. 불행히도, 수치심의 결과, 비밀로 하는 경우가 많다. 사라의 첫 번째 교회에서 장로들의 반응에서도 이를 볼 수 있다.

제임스 길리건James Gilligan박사는 "수치스러워 하는 것보다 더 수치스러운 것은 없다"[29]고 평하면서, 왜 이러한 일이 일어나는지 설명한다. 수치심은 명예, 지위, 존경의 상실 및 정체성의 붕괴를 초래한다. 이는 결국 덮고, 감추고 비밀로 유지할 필요가 생기게 한다. 수치심은 성학대 피해자들이 수년간 그들의 학대사실을 털어놓지 않으려 하는 한 가지 이유이며, 설사 털어놓는다 해도, 조직이 이를 드러내기 보다는 숨기는 경향을 보이는 이유 중 하나이다. 따라서, 수치심은 흔히 역기능적 행동dysfunctional behavior을 영속시키는 성학대 영향의 하나이다. 이러한 비밀로 인해, 때로는 가해자들이 묵인되고 나아가 피해자들에게 해를 끼치는 것은 비극이다. 피해자들의 이야기가 받아들여지지 않으면, 피해자들은 재차 정신적 트라우마를 입을 수 있다.

공동체들은 성학대가 부적절하고 유해한 것으로 비난할 필요가 있다. 이리 하면, 이야기해도 의심만 받던 피해자들을 존중하게 되는 한편, 공동체가 안전감을 재확립하는 데에도 도움이 된다.

혼란
(Confusione)

> 성학대는 공동체의 의미감각을 훼손시킨다. 어떻게 이런 일을 할 수 있을까? 누구를 믿을 수 있을까? 신앙공동체라면, 왜 신은 그것을 허락하셨을까? 같은 의문이 생긴다. 질문할 수 있는 기회는 의미감각을 회복하는 데 도움이 된다.

개인들의 경우 기술했던 것과 유사하게, 공동체도 성학대를 이해해 보려 안간힘을 쓴다. 혼란은 집요하게 계속된다. 다른 사람, 아동, 취약한 사람에게 어떻게 이런 짓을 할 수 있는지, 왜 이런 일이 일어나는지 단체들은 의아해 한다. 부모들은 종종 자신의 자녀가 안전한지 아닌지 걱정이다. 사람들에게 상처와 혼란을 표현할 기회만 주어진다면 언제든지, 단체들은 의미 감각을 더 잘 회복할 수 있다.

단절
(Disconnection)

> 공동체 구성원은 성학대에 대해 다양한 반응을 보일 것이다. 예컨대, 신앙 공동체에서 어떤 이들은 피해자를 어떻게 대해야 할지 몰라 피하려 할 것이다. 가해자의 예배 출석을 계속 허용해야 할 것인지에 관하여 논란이 일 것이다.

사람들은 공동체에서 성학대 사실이 밝혀지면 매우 다양하게 반응할 것이다. 많은 이들이 깊이 상처받는 반면, 다른 이들은 해악을 축소할지 모른다. 어떤 이들은 피해자를 지원하고자 할 것이고, 어떤 이들은 가해자의 편에 설 것이다. 공동체의 일부라는 것이 무엇을 의미하는지에 관하여 의견 대립이 생길 것이다. 예컨대, 어떤 이는 가해자가 어떤 짓을 했건 상관없이, 여전히 그 단체의 일원일 수 있어야 한다고 말할 것이다. 다른 이들은 이에 반대할 것이다. 분열도 일어날 가능성이 있다. 이것은 리더십leadership에게 참으로 어려운 일이다. 우리는 수치심, 혼란, 그리고 단절의 해악을 염두에 두는 것이 중요하다는 점을 제안하고자 한다. 절차를 설계하고 지도하는 사람들은, 가능한 경우 안전safety, 의미meaning 및 유대connectoin의 재확립에 관하여 신중히 생각해야 한다.

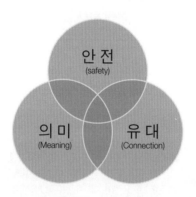

이것은 리더십이 종종 경쟁적인 다양한 목소리들을 끌어들이기 위해, 행동할 방법을 찾아야 한다는 것을 의미한다. 이하에서, 먼저 이것이 요구하는 리더십의 유형과, 둘째, 공동체 그룹 내에서

회복적 정의에 대한 선택지들을 강조하고자 한다.

> 건강한 리더십은 고립되어 작용하지 않는다.
> 어떻게 안전하게 대응할지에 관하여 치료전문가, 형사사법 전문가
> 등에게 도움을 요청한다.

리더십

성학대의 여파를 뚫고 조직을 이끌어 가는 것은 중대한 책임이다. 실로, 리더십은 공동체 기반 조직의 건강과 생명에 있어 큰 역할을 하고 있다. 이것은 위기 상황에는 더욱더 그러하다.

주디스 허먼Judith Herman 및 여타 트라우마 전문가들의 견해에 따르면, 우리의 치유와 회복 능력은 우리에게 가능한 자원에 기초하고 있다. 이에 비추어 보면, 지도자의 역할은 성학대 이후 공동체가 회복과 치유로 나아가는데 필요한 자원을 갖고 있다는 확신을 주어야 하는 것이라 할 수 있다. 주의할 점은, 지도자의 역할이 자원이 된다be고 하는 것은 아니다not; 오히려, 지도자는 지원을 촉진하고, 자원을 이용할 수 있도록 해야 한다는 의미이다.

국제 회복적 실천 연구소Internationl Institute of Restorative Practices는 회복적 리더십을 보다 명확하게 이해할 수 있는 이미지를 제공한

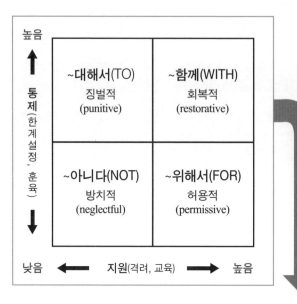

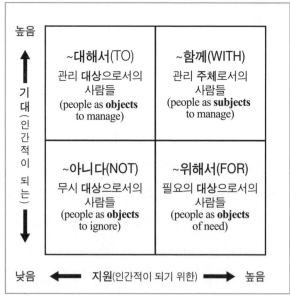

다. 아래 이미지왼쪽에서, 4가지 다른 리더십 모델을 보여준다. 확고하면서도 공정한 방식으로, 공동체와 **함께** 일하는 모델이, 권위와 존중이 함께 공존하고 공영하도록 하는 것을 볼 수 있다. **확고한**firm 또는 **징벌적**punitive이란, 명확한 경계 없이 교회에 성범죄를 저지른 사람의 참석을 허용하지 않는 것일 수 있다. **공정한**fair 또는 **위하여**for란 이러한 자에게 지속적인 참여에 대한 자신의 희망이 무엇인지 공유할 수 있는 기회를 주는 것일 수 있다. **함께**with란, 이 모델에서, 다른 사람과의 "참여engagement"야말로 할 수 있는 가장 건전한 접근방식임을 제안한다. 성학대 피해자들은 무력해졌다disempowered는 것을 기억하라. 그들에게 목소리와 선택권을 줌으로써, 지도자는 피해자가 치유되는 것을 도울 수 있다.

4가지 리더십 모델[30]

리더십은 개입절차를 고려할 필요가 있을 것이다. 공동체 구성원들을 위해 안전, 의미, 유대를 재확립하기 위한 가장 좋은 방법은 무엇인가? 경험상, 적절한 정보가 공유될 수 있고 사람들이 질문을 할 수 있는 대그룹 모임large group meeting, 사람들이 피해와 감정을 공유할 수 있는 써클 모임circle gathering, 향후 계획이 논의될 수 있는 문제해결 그룹problem-solving groups과 같은 형식적 절차들은 공동체의 치유를 돕는 데 큰 도움이 된다. 아래 도표에서는, 회복적 정의 이념틀의 통합에 대하여 고려해야 할 몇 가지 질문을 제시하고 있다. 회복적 정의는 특정 관행의 동의어가 아니라 다양한 형식으로 실행될 수 있다는 점을 기억하라. 어떠한 대응도 모든 사람의 감정을 완벽하게 돌볼 수는 없을 것이다.

공동체들은 또한 자기반성적일 필요가 있다:

• **개입이 피해자를 희생시키면서 피고인을 우대하는가?** 개입의 출발점은 피해자를 믿는 것이다. 사람들은 거짓으로 성학대를 당했다고 주장하는 경우는 거의 없다. 그런 처사를 공개적으로 드러내어 어려움을 겪으면서까지 얻을 것이라고는 없다.

• **공동체는 성범죄에 영향을 준 태도나 생각에 대해 책임질 필요가 있는가?** 공동체가 가부장적이어서, – "남자가 맡아서 해야 한다"고 하는 – 불건전하고 폭력적인 형태의 남성성을 조장한다면, 이를 바꾸기 위한 작업이 필요할 것이다. 공동체는 인간의 성human sexuality과 관련하여 형평과 동의의 필요성에 관하여 소년과 남성을 교육할 것을 고려해야 한다.

행동과 참여(Action and engagement)

행동	내용
무엇을	• 가능한 한 사태를 가장 잘 바로 잡는 최적의 절차는 무엇인가? • 감정과 영향을 공유하는 모임인가, 또는 문제해결에 관한 모임인가? 이 양자 모두인가? • 어떤 정보를 모두가 알아야 하는가? 어떤 정보가 사적인 것인가? 특정 정보를 공유하기 위해서는 어떤 허가를 받아야 하는가?
어떻게	• 조직 내부에 회복적 정의 접근방식을 실행할 자원/능력이 있는가? 아니면 외부의 도움을 요청할 필요가 있는가? • 우리의 경험상, 전문가의 도움을 요청하는 것이 종종 더 나은 선택이다. 그렇다고 해서 개입의 기본 책임이 외부인에게 있다는 의미는 아니고, 공유하라는 것이다. 협업하라! • 이해관계자들(즉, 서로 다른 요구를 대표하는 사람들)의 레퍼런스 그룹(reference group)을 구성하면 도움이 될 수 있다. • 의사소통은 어떻게 이루어질 것인가? 리더십으로부터 어느 정도의 투명성은 중요하다. 사람들은 이미 이야기하고 있다! • 모든 모임에 앞서 안전 문제를 논의하는 것처럼, 자발적 참여는 회복적 정의 실천의 핵심 신조이다.

누가	• 참여절차의 분별, 설계 및 실행에 누가 참여해야 하는 가?
	• 누가 영향을 받았는가? 모든 사람이 참여하기를 원하는 것은 아니겠으나, 모든 사람을 포함하거나 최소한 초대하는 것에 대한 배려가 무엇보다 중요하다.
	• 누가 이 상황에 대한 이해관계가 있는가? 조직과 공동체로부터 누가 절차에 관여해야 하는가?
	• 누가 절차를 주도해야 하는가? 숙련된 회복적 정의 진행자가 절차를 안전하게 만드는 데 도움이 될 수 있다.
어디서	• 누가 참여할지, 어떻게 참여할지, 그리고 어떤 절차에 의할지에 대해 의도적으로 하는 것이 중요할 뿐만 아니라, 그 절차가 실제로 어디에서 이루어지는지도 또한 대단히 중요하다. 장소에는 기억이 담겨있어 상징적인 차원에서 사람들에게 영향을 미치므로, 안전한 장소를 선택하는 것이 중요하다.
	• 이것은 중립적인 장소, 동일하게 의미 있는 모임 장소 또는 (피해자가 직접 관련된다면) 피해자가 안전하게 느끼는 장소가 더 절차에 힘을 실어줄 수 있음을 의미한다.
언제	• 절차의 타이밍에 관하여 생각하라. 너무 일찍 행동하는 경우 더 큰 해악을 야기할 수 있는 반면, 너무 늦게 행동하는 경우도 마찬가지이다.
	• 회복적 정의 실무의 상당 부분은 절차의 실행계획(logistics)과 함께 참가자의 기대를 관리하는 것이다. 준비는 중요하다. 흔히 회복적 정의 진행자들은 미리 개인적으로 참가자들을 만난다. 절차를 고려해 볼 때, 그들이 성취하고자 하는 것이 실현가능한가?

사례: 신앙공동체 회복적 경험 FaithCARE

신앙 공동체와 작업하는 회복적 정의 프로그램의 한 예가 FaithCARE 신앙공동체 회복적 경험, Faith Communities Affirming Restorative Experiences 역주이다.[31] 이는 2007년 캐나다 온타리오주 해밀턴시의 정신건강단체인 샬렘 정신건강 네트워크 Shalem Mental Health Network 가 설립한 것이다. 마크 밴더 베넌 Mark Vander Vennen 상임이사는 교회가 위기 대처에 이용할 수 있는 수단과 절차가 만족스럽지 않았다. 그는 회중교회 환경에서 보다 효과적으로 작용할 수 있는 실무관행을 개발해야 할 필요성을 보았다. 오늘날, FaithCARE는 회중교회들과 예방적으로 작업하는 외에, 신앙공동체들과 파트너가 되어 그들이 갈등, 해악 및 위기를 극복하는 것을 돕는다.

FaithCARE는 다음 사항을 신조로 하고 있다:

• 해악과 수치심을 인정하기

• 모든 유형의 회복적 정의 만남의 적정성 여부를 결정하기 위한 준비를 적절히 하여 안전을 확보하기

• 훈련된 진행자를 이용하기

• 젠더간 불균형을 포함하여 힘의 불균형을 고려하기

• 남성 조정자 1명과 여성 조정자 1명, 한 사람은 '내부자' 개입이 이루어지는 신앙 교파의 대표, 다른 한 명은 "외부자" 신앙 교파와 무관인

공동진행 모델co-facilitation model을 채용하기

- 자발적 참여에 기반하기
- 레퍼런스 팀 이용하기

적절한 개입을 설계하기 전에, FaithCARE는 무슨 일이 일어났는지 알고 있는 교회 구성원들로 구성된 내부 레퍼런스 그룹을 설립한다. 보통 이 그룹은 목사나 이사진처럼 지도부를 대표하지만, 간혹 상황에 대처하는 방법에 대해 다른 관점을 가진 사람들을 포함한다. 레퍼런스 그룹은 회복적 정의 진행자의 개입이 이루어지는 전후사정을 이해하고, 누가 참여해야 하는지, 어떻게 가능한 한 가장 안전한 방식으로 진행하는지를 이해하도록 돕는다.

전형적으로, FaithCARE는 회복적 정의 써클 절차를 이용하며, 피해자, 가해자, 지도부 등 가능한 한 많은 사람들을 관여시키려 노력한다. 기본 규칙이 확립되어 있고, 진행자들은 보통 국제 회복적 실천 기구International Institute for Restorative Practices가 제작한 것과 유사한 대본을 따른다.[32] 써클에 앞서, 진행자는 참가자들을 개별적으로 또는 소그룹으로 만나서 기대, 희망, 진행자가 물을 질문의 종류에 관해 논의한다.

FaithCARE는 일정한 한계를 인정한다. 회복적 정의에 대한 오해로 인해 '제가 용서하도록 압력을 받는 건가요?' 같은 질문이 나

오기도 한다. 그러한 오해는 회복적 정의 프로그램에 도움을 청하기를 주저하게 할 수 있다. 직접 피해자나 가해자가 참가를 원하지 않는 때조차도 회복적 정의가 공동체 그룹을 위한 대화절차로 사용될 수 있다는 것을 많은 사람들이 모른다. 때로 형사사법체계와 교회의 자체 절차 간에 복잡한 관계가 있다. 다른 실용적인 한계도 있을 수 있다: 신앙공동체가 재정적으로 외부 도움을 받을 수 있는가?

게다가, 사람들은 각기 다른 속도로 고통을 처리한다: 한 사람이 다른 사람보다 더 오래 걸릴 수 있다. 피해자들은 준비가 되어 있지 않거나 또는 참여할 의사가 없는 때 조차도, 가해자가 참여하려 한다면, 공동체로부터 참여 압력을 느낄 수 있다. 그러나 마크 벤더 베넨Mark Vander Vennen이 말하듯, "피해자는 가해자의 필요를 충족시키기 위해 나와서는 안된다. 그런 일은 이미 일어났었다." FiathCARE는 피해자가 그들의 의지에 반해서 용서하거나 절차에 참여하도록 압력을 받아서는 안된다는 점을 명백히 한다.

일정한 한계에도 불구하고, FaithCARE는 공동체에 새로운 가능성을 열고 있다. 피해를 경험한 자는 누구나 치유절차에 참여할 수 있다. 공식 회복적 대화모임을 포함하여, 많은 FaithCARE 실무는 피해자 또는 가해자의 출석에 의존하지 않는다. 이것은 성학대가 더 큰 공동체에 영향을 준다는 점을 인정한다. 많은 사람들이 감정을 표현하고 질문을 할 수 있는 공간을 필요로 한다.

FaithCARE는 공동체가 성학대를 다루기 위해 어떻게 회복적으로 작용하는가에 관한 좋은 사례를 제공한다.

대학 캠퍼스 내 성폭행sexual assault과 회복적 정의

2장에서 시사한 바와 같이, 대학 캠퍼스 내의 성폭행 발생률이 높다. 교육기관은 타인에 대한 평등과 존중을 함양하는 곳이라 생각할 것이다. 어떤 면에서는 그렇다. 그러나, 해로운 남성성toxic masculinity이 활개치게 되는 학년초에는 남성 범행의 성폭행 사건이 특히 많다.[33] 필요한 회복적 정의 작업 중 일부는 가부장적이고 남성적 폭력을 더 체계적으로 다루는 것이다. 다른 하나는, 가능한 경우, 개별 사건에 대해 회복적으로 대응하는 것이다.

회복적 정의 대응의 첫 번째 단계는 피해자를 믿고, 신체적·감정적 안전을 확보하며, 피해자들이 치유하는 방향으로 나아갈 수 있도록 돕는 것이다. 다음 단계는 강간 기타 형태의 남성 폭력 male violence을 조장하는 대학 문화의 요인들을 조사하는 한편, 개별 가해자들이 책임을 지도록 독려하는 것을 포함한다. 성학대에 대해 안전하고 적절하게 대응할 수 있는 방법에 관한 오랜 전문가인 메리 코스Mary Koss는 동료 제이 윌거스Jay Wilgus 와 카렌 윌리엄슨

Kaaren Williamsen과 함께 캠퍼스 내 성적 비행sexual misconduct에 대한 회복적 정의 사용에 관하여 저술하였다.[34] 저자들은 캠퍼스 성적 비행 사례에서 회복적 정의의 이념틀에 대한 얼마간의 가능성을 보고 있다.

1. 해결절차resolution process로서 회복적 정의

이 옵션은 피해자에게 안전하고 진행자의 도움을 받는 회복적 정의 대화를 통하여 가능한 해결에 대한 선택권을 주기 위한 것이다. 모든 당사자들에 대한 지원 제공을 포함하여, 참가자들이 적절한 준비단계를 거치도록 해야 한다. 결과에는 전형적으로 배상계획과 함께 다음 요소들이 포함된다:

• 배상금

• 상담

• 사회봉사활동

• 의무적 감독

회복적 정의가 해결절차로 사용되는 경우에는, '조정mediation'으로 불러서는 안된다. 한 쪽 즉, 가해자가 다른 쪽 즉, 피해자에게 해악을 야기한 것이고, 따라서 당사자들은 중립적으로 들어가는 것이 아니다. 회복적 정의는 잘못된 행동을 명명하고, 해악을 인정하며, 책임을 증진하는 것이다.

2. 제재절차sanctioning process로서 회복적 정의

가해자가 유죄를 인정하든 안하든, 가해자에게 책임이 있는 것
으로 확인되면, 코스Koss 등은 피해자와 기타 공동체 구성원들을
위한 역할을 제재절차에서 본다. 저자들은 때로는 일시 정학 또는
영구 퇴학 같은 분리separation의 형태가 필요하다고 제안한다. 이 절
차에서 피해자와 공동체 구성원을 포함하는 것은 그들에게 추가
부담을 부과하려는 것은 아니고, 오히려 안전과 치유를 위해 필요
한 것이 무엇인지를 결정하게 하려는 것이다.

3. 재통합 절차reintegration process로서 회복적 정의

이 옵션으로, 책임 있는 가해자가 정학 조건을 이행한 후, 대학
공동체에 안전하게 재통합된다. 회복적 통합의 두 가지 목적은 지
원과 책임이다. 지원과 책임써클COSA 프로그램처럼, 이것은 캠퍼
스의 지속적인 안전을 보장하는 동시에, 가해자를 인간으로서 존
중한다.

게다가, 우리는 또한 회복적 정의를 해악과 치유에 관하여 더
넓은 공동체를 참여시키는 방법으로 볼 수도 있다. 공동체의 의견
을 수렴해 보면, 캠퍼스내에서 젠더 기반 폭력의 문제를 인정하게

된다. 성폭력은 모든 학생들, 특히 여성과 트랜스 젠더 학생들에게 영향을 미친다. 더 넓은 공동체, 특히 남성은 강간 문화를 동의와 형평에 기반한 문화로 바꿀 의무가 있다.

결론적으로, 이 장에서는 회복적 정의를, 일련의 특정 관행으로서 보다는, 하나의 이념틀로서 계속 장려하고 있다. 피해자는 안전하고, 가해자는 책임을 지며, 성학대의 근본원인이 다루어지도록 보장하기 위해서는 강력한 공동체의 리더십이 필요하다.

7장 • 선주민 공동체 : 사례연구

오지브웨이 종족the Ojibwe 혹은 아니쉬나베 종족the Anishinaabe[35]은 터틀 아일랜드오늘날 캐나다 매니토바주로 알려진 지역의 할로우워터 퍼스트네이션Hollow Water First Nation[36]으로, 이들의 사례는 성학대를 회복적으로 다루는 것이 어떤 것인지를 보여주는 예시가 될 수 있다. 할로우워터Hollow Water는 트라우마를 극복할 수 있는 희망의 이야기이다.

1980년대 중반 이 선주민[37]들의 공동체는 위기에 봉착했다. 대략 600여명이 되는 이 공동체의 4분의 3 정도가 성학대 피해자이며 3분의 1 정도가 가해자라고 추정되었다.[38] 할로우워터에서 광범위하게 발생한 성학대 문제는 캐나다 선주민들에게 폭력적으로 이루어진 식민화 과정과 함께 시작된 세대 간의 트라우마 이야기이기도 했다. 인디언법the Indian Act[39]과 여타 식민화의 정책과 관행은 선주민의 토착 주권을 존중하지 않고 이들을 동화시키는 데에 집중하고 있었다. 캐나다 법률은 선주민들의 땅을 빼앗는 것을 합법화하고 이들을 좁은 지역으로 몰아냈으며, 소위 보호지역reserves으로 불리는 황무지로 쫓아버리기도 했다. 기숙학교와 같은 식민화 정책으로 인해 할로우워터와 같은 선주민 공동체들은 아이들을 빼앗겼으며 선주민 사회들은 크게 약화되었다. 특히 인디언 기숙학교 역사를 통해 어떻게 세대 간의 폭력이 할로우워터에서 일상화되었는지를 이해할 수 있다.

1996년까지 캐나다 역사 백여 년 동안에 15만 명 이상의 선주민 아이들이 나라 한쪽에서 다른 쪽으로 그들의 공동체와 강제로 분리되어 150여 개 기숙학교로 들어갔다. 기숙학교가 추구했던 분명한 목표는 "아이들 안에 있는 인디언을 죽이는 것"이었다.[40] 아이들은 기숙학교에서 그들의 언어로 말할 수 없었으며, 그들의 전통을 실천할 수도 없었고, 이름 대신 숫자로 불려야 했다. 기숙학교는 문화적 인종학살의 한 형태였다. 선생들, 목사들, 그리고 아이들을 돌보는 이들caregivers에 의해 성적이고 신체적인 학대가 기숙학교에서 만연하게 이루어졌다. 문화적·신체적·성적인 폭력은 이러한 환경에서 자라나 제대로 된 부모노릇을 할 수 없었던 선주민 아이들에 의해 세대에서 세대로 전해졌다. 신체적·성적인 학대는 그들의 집에서 반복되었다. 캐나다 인디언 기숙학교 진실화해위원회the Truth and Reconciliation Commission on Indian residential Schools in Canada의 보고서「그들은 아이들을 맞으러 왔다 *they came for the childre*」에서 기숙학교 생존자의 자녀가 다음과 같이 말했다. "우리는 정말 기숙학교를 어떻게 피해야 할지 몰랐어요. 일생동안 해결의 기회를 가지지 못했던 우리 부모들의 트라우마와 우울이 계속 반복되면서 어린 시절 우리는 매일매일 그 기숙학교를 만났어요."[41] 『가르침으로 되돌아가기: 토착적 정의를 탐구하기*Returning the Teaching: Exploring Aboriginal Justice*』에서 루퍼트 로스Rupert Ross 검사에 따르면, "선주민들 사이에서 기숙학교는 단지 그들의 사회적 와해를 초래한 유일한 원인이 아니다. 그보다는 선주민들이 아무런 가치가 없는 존재일 수 있다는 아주 강력한 선언 안에 있는 마침표 같은 것이다. 그 메시지는 상상할 수 있는 모든 방식으로 전달되었고, 전통적인 사회 조직의 모든 측면에 영향을 주었다."[42] 얼마나 파괴적인 식민화가 이루어졌고 현재까지 지속되고 있는지를 말로 표현하는 것이 어려운 일이긴 하지만, 선주민 공동체와 그들의 전통은 현재까지 생존해왔다.

1984년 무섭게 확산되는 성학대에 지쳐버린 할로우워터에서 공동체 리더들 몇몇이 치유를 위한 계획을 마련함으로써 공동체에 활기를 불어넣었다. 전통적인 토착 방식을 기반으로 공동체 통합적 치유 써클Community Holistic Circle Healing, CHCH 프로그램을 구성한 것이다.

공동체 통합적 치유 써클은 치유 과정 전반을 통제한다. 식민화 과정에서 빼앗긴 것은 사법절차에서의 토착 주권이었다. 공동체 통합적 치유 써클은 캐나다 형사사법체계의 개입이 오로지 추가적인 해악harm만을 가져올 뿐이었다고 본다. 식민화 이전 할로우워터 오지브웨이 종족은 피해가 발생했을 때 처벌과 분리가 아닌 치유와 통합을 위해 노력했다. 사실 공동체 통합적 치유 써클에서는 전통적인 치유 방식이 성폭력을 훨씬 심각하게 다루었다고 주장한다. "할로우워터 사람들은 구금 방식을 믿지 않는다. 그들은 구금이 가해자가 초래했던 고통에 대한 책임을 직면하지 않고 회피할 수 있다는 메시지를 주었다고 생각한다. 할로우워터 방식의 다른 점은 아니쉬나베 종족이 모든 창조물에 내재한다고 믿는 사랑과 존경, 그리고 지지와 함께 가해자가 그들의 책임을 마주할 수 있다는 것이다.[43] 그래서 공동체 통합적 치유 써클은 피해자를 위한 치유 써클과 가해자를 위한 치유 써클, 그리고 피해자와 가해자가 함께 대화를 할 수 있는 치유 써클로 구성된다. 여기에서 참여는 자발적으로 이루어졌다. 예를 들어, 책임을 부인하는 가해자들은 써클 대신 캐나다 형사사법체계로 가게 된다.

공동체 통합적 치유 써클에서 놀라운 점은, 아마 선주민의 관점에서는 놀라운 일은 아닐테지만, 일부 가해자들이 심지어 그들의 범죄를 신고하기 위해 나선다는 것이다. 이에 대해서 로스 검사는 다음과 같이 이야기한다.

거기에서 가해자들은 그들 스스로 나타나서 자신의 학내 행위를 밝히며 모두를 위해 요청했다. 검사로서 솔직히 말하자면, 내 사무실로 걸어 들어와 "내가 의붓딸에게 성폭력을 저질렀다는 것을 고백합니다. 제발 나를 기소해주세요"라고 말하는 사람을 본 적이 없다. 침묵이 지속되는 동안 성학대가 한 세대에서 다음 세대로 지속되어 왔는데, … 처벌을 강조함으로써 침묵에 기여했으며, 이로써 폭력 역시 지속되었다.[44]

이 주제에 관련된 성명서에 따르면, 공동체 통합적 치유 써클은 구금이라는 위협이 가해자들을 침묵시키며 그럼으로써 피해자에게 더한 고통을 주고 공동체에게 해악을 준다고 주장한다. "구금은 침묵을 강화시키고 그럼으로써 폭력의 순환고리를 깨기보다는 그것이 유지되도록 한다. 실제로 감옥의 위협은 공동체를 더 안전한 곳으로 만들기보다는 더 위험에 빠뜨릴 뿐이다."[45] 형사사법체계가 회피와 부인을 영속화시키는 것과 달리 공동체 통합적 치유 써클은 책임accountability을 증진시킨다.

그러나 무엇보다도 공동체 통합적 치유 써클의 핵심은 피해자들을 지지하는 것이다. 이 과정은 13단계로 이루어진다.

1. 드러냄disclosure

2. 피해자의 안전을 구축하기

3. 피해를 준 사람the victimizer을 마주하기

4. 배우자 또는 부모를 지지하기

5. 가족들 또는 공동체를 지지하기

6. 경찰 내 피해 평가팀Assessment Team with Royal Canadian Mounted Police을 만나기

7. 피해를 준 사람과 써클을 진행하기

8. 피해자와 피해를 준 사람과 함께 써클을 진행하기

9. 피해자의 가족을 준비시키기

10. 피해를 준 사람의 가족을 준비시키기

11. 특별 모임/양형 써클Special Gather/Sentencing Circle

12. 양형 평가

13. 정화 의식[46]

이 과정은 균형을 회복하도록 도와주고, 일곱 가지 전통적인 가르침을 쫓으며, 한 개인의 삶의 모든 차원, 즉 정서적, 정신적, 영적, 그리고 육체적인 차원에서의 치유를 지향하는 것에 중점을 둔다. 공동체 통합적 치유 써클의 주도자인 조이스 부시Joyce Bushie는 다음과 같이 이야기한다.

일곱 가지 성스러운 가르침은 정직, 힘, 존중, 돌봄, 나눔, 지혜, 그리고 겸손이다. 창조자가 선주민들에게 따르도록 하는 가르침들이다. 이 가르침은 삶의 지침으로 이야기되기도 한다. 사실 우리는 우리 존재의 정서적, 정신적, 영적, 육체적인 네 가지의 차원에 노력을 기울여야 한다. 이 네 가지 차원이 없다면 우리는 통합적인 인간 존재로 살아갈 수 없을 것이다. 그렇기때문에 조상들의 상흔을 치유하기 위한 출발점으로 신성한 써클the Sacred Circles과 일곱 가지 가르침이 필요하다.[47]

공동체가 치유되었을까? 전통적인 가르침이 주목받게 되었을 뿐만 아니라 가해자들이 참여한 효과가 나타났다. 공동체 통합적 치유 써클에 참여한 107명의 가해자들 중 오직 2명만이 성폭력을 다시 저질렀는데, 이 비율은 2%에 미치지 못한다.[48] 성범죄자 재범률이 평균 13%인 캐나다 형사사법체계와 비교하면, 이 결과는 인상적이다.[49]

교훈꺼리Lessons learned

회복적 정의 실무자들이 할로우워터로부터 배울 수 있는 수많은 교훈이 있다.

1. 성학대는 별개로 일어나지 않는다.

이전 장에서 우리는 성학대가 젠더 기반 폭력의 한 형태이며, 남성들에 의해 일어난다는 점을 살펴보았다. 이 장에서는 선주민에 대한 식민화가 성학대과 연결되어 있다는 점을 확인할 수 있었다. 게다가 국가에 기초한 형사사법적 대응은 피해자와 가해자를 분리시켜왔다. 물론 이는 피해자의 안전을 위해 필요할 수 있다. 그러나 할로우워터의 맥락을 살펴보면 성학대가 대다수 가족들의 삶속에 은밀히 퍼져있었기 때문에 피해자와 가해자의 분리로 공동체는 더욱 피해를 입게 되었다.

2. 처벌에 대한 두려움은 성학대의 순환고리가 지속되도록 한다.

흔히 피해자들은 의심받거나 무시될 수 있다는 두려움으로 나서지 않는다. 마찬가지로 할로우워터 사례는 처벌의 두려움이 가해자들이 책임을 지는 데에 장애물이 될 수 있다는 점을 보여준다.

3. 형사사법적 대응은 특정 인종 공동체에게 더 큰 피해를 줄 수 있다.

대부분의 성범죄자가 사회의 지배 집단에 속해 있지만 법집행

대상이 되는 성범죄자들은 주로 소수인종 등 소수자집단이라는 점은 여러 연구를 통해 지적되고 있다. 크리스틴 시벨-페리Christine Sivell-Ferri의 연구「할로우워터의 네 가지 써클The Four Circles of Hollow Water」에서는 다음과 같이 이야기한다. "일부 성범죄자들이 소수자 집단의 구성원일 수 있지만 대다수의 성범죄자들이 사회적으로 지배 집단에 속한다는 점은 분명하다. 신고와 그 후에 이어지는 수사 및 재판 과정에서 성범죄자로 지목되고 구금되는 이들이 주로 저소득 또는 소수자 배경인 자들로 편향되어있는 것으로 나타나는데, 이러한 상황을 성범죄자들을 소수자 집단에 많이 있다는 점을 입증하는 증거로 가져와서는 안 된다." [50] 실제 보다 넓은 사회적 맥락에서 소수자들이 편향적으로 더 많이 구금되는 경향을 확인할 수 있다. 캐나다에서 선주민들은 전체 인구의 3% 정도에 지나지 않지만 수감자 중 거의 25%를 차지한다. [51] 미국에서도 아프리카계와 라틴계, 미국 원주민들이 전체 인구구성에서 소수라 할지라도 교도소 수감자들의 대부분을 차지하고 있다.

회복적 정의 실천들은 바람직한 해결책을 제시한다. 할로우워터의 방식은 공동체가 자신에게 적합한 방식으로 대응할 수 있도록 공동체에게 권한을 부여했다. 그러나 경찰이나 법원, 교도소는 가해자 또한 선택할 수 있는 대안적인 배경을 제공했다. 회복적 정의는 피해자의 욕구에 더 많이 관심을 기울이고 아이들이 안전할 수 있도록 했을 뿐만 아니라 오지브웨이 종족에게 중요한 공동체의 발전과 전통의 증진에 기여했다.

4. 사회적 정의로서 회복적 정의

할로우워터 이야기를 통해, 공동체가 그들의 문제를 해결할 수 있도록 권한을 부여받을 때에 회복적 정의의 대응방식이 개입으로서 그리고 예방적 매커니즘으로서 기능할 수 있다는 점을 알 수 있다. 사법절차에서 여성과 소외된 인종들이 목소리와 권한control이 필요하다고 주장하는 "입장standpoint"에서는 회복적 정의가 사회적 정의로서 가능성을 가진다고 희망적으로 보고 있다. 「젠더 폭력의 피해자를 위한 사회적 정의로서 회복적 정의: 입장론 페미니스트 관점Restorative Justice as Social Justice for Victims of Gendered Violence: A Standpoint Feminist Perspective」이라는 논문에서 저자인 캐서린 반 보르머Katherin Van Wormer는 당사자주의에 기초한 형사사법체계에서는 "백인을 위한 정의white justice"가 경험될 뿐이며 아프리카계나 라틴계 미국인, 선주민들에게 이 사법체계는 이질적이라고 주장한다.[52] 참여자들이 어떻게 정의의 욕구를 충족하고 치유할지 분명히 밝히도록 함으로써, 회복적 정의는 그들에게 목소리를 주며 피해자들을 대상이 아닌 주체로 세운다.

5. 사법절차, 빼앗긴 곳으로 되돌려야 한다

캐나다와 미국의 식민주의는 사법절차를 마련하는 과정에서 선주민 사회의 사법절차를 제거했으며, 선주민들에게 세대 간 트라우마를 안겼다. 선주민 사회들은 여태까지 제대로 회복된 적 없는 자결권과 주권을 위해 싸우고 있다. 서구 체계와 토착 체계 간의 협업이 존재하지만, 공동체 통합적 치유 써클은 사법 권한이 공동체에게 되돌려질 때에 가능한 일들에 대해 관심을 기울인다. 또한 사례연구에서 선주민 공동체가 어떻게 공동체의 치유에 책임을 져야 하는지를 강조하고 있는데, 캐나다와 미국 역시 마찬가지로 조약에 의해 뺏어간 것들을 선주민들에게 되돌려 주는 등 탈식민화에 앞장서야 한다.

8장 • 한계와 가능성

성폭력에 회복적 정의를 적용하는 것은 논쟁적인 주제이다. 그동안 학계와 실무자들의 논의 속에서 한계와 어려움들이 강조되어 왔으나, 동시에 새로운 가능성이 언급되기도 했다. 이 장에서는 회복적 정의가 제공하는 우려와 한계, 그리고 가능성에 대해 살펴보고자 한다.

한계

1. 모든 상황에 적용되는 해결책one-size-fits-all

많은 이들이 회복적 정의가 무엇인지를 알지 못한다. 설령 이에 대해 안다고 하더라도, 회복적 정의가 무엇을 하는지도 제대로 알고 있지 않다. 어떤 이들은 회복적 정의를 피해자-가해자 대화와 같은 일련의 실천으로 생각한다. 다른 이들은 피해자에게 가해자를 용서하거나 가해자와 화해하도록 강요하는 것이라고 생각하거나 범죄에 대한 "관대한" 대응이라고 말하기도 한다. 이러한 오해들은 회복적 정의가 잘못 적용됨으로써 나타난 것이기 때문에 타당하기도 하다. 지금까지 북미에서는 회복적 정의 실천들이 주로 피해자-가해자 대화 방식에 중점을 두고 있었고, 일부에서는 잘못된 방식으로 화해를 이끌기도 했다. 회복적 정의 프로그램이 모든 상황에 적용되는 접근방식으로 받아들여지는 것을 경계해야 한다. 우리의 바램은 회복적 정의가 사법절차에서 피해자의 욕구를 중심에 둘 수 있는 일종의 철학으로서 자리잡는 것이다. 이 점을 염두에 둘 때 실무가들이 회복적 정의를 피해자들, 가해자들, 그리고 공동체들의 복합적인 욕구들을 충족시키는 방식으로 적용할 수 있을 것이다.

2. 안전

회복적 정의 대화에 대한 또 다른 우려점은 부적절하게 사용되거나 적용될 때에 피해를 줄 수 있다는 점이다. 주디스 허먼이 분명하게 지적한 대로, 정의 욕구를 충족하기 위해서는 우선 안전을 확보해야 한다. 성학대가 주로 권력 불균형의 상황에서 일어나기 때문에, 성학대 사건에서 대화는 부적합할 수 있다. 예를 들어 중요한 준비과정이 수반된 대화 등과 같이 최소한 신중하게, 안전과 권력 불균형에 주의를 기울이면서 진행되어야 한다.

피해자와 모든 참여자들은 미리 정보를 제공받고 참여 여부를 선택할 수 있어야 한다. 이를 위해서는 어떤 기대를 하고 있는지를 분명히 해야 한다. 피해자가 그/그녀의 삶에 어떠한 영향이 있었는지 공유하길 원하는가? 가해자가 유죄를 인정하지만 말로 표현하길 원하지 않는다면? 가해자가 기꺼이 "미안하다"고 말할 수 있지만 그가 왜 그런 범죄를 저질렀는지를 이해하는 힘든 과정을 경험하고 싶지 않아 한다면? 실무가들은 피해자들과 가해자들이 제기할 수 있는 이러한 유형의 잠재적 위험에 대처할 수 있도록 충분히 숙달되어야 한다.

또한 회복적 정의 실무자들은 트라우마에 대해 충분히 정보를 가지고 있어야 한다. 즉, 트라우마가 사람들에게 어떻게 영향을 주고 회복할 수 있도록resilience 도와주어야 하는지에 대해 알아야 한다.

3. 사회적 정의

회복적 정의에 대한 중요한 비판은 많은 프로그램들이 기저에 존재하는 사회적 압력과 규범, 그리고 부정의의 문제를 적절하게 해결하지 않는다는 점이다. 다시 말해, 이러한 프로그램들은 눈 앞의 개인에게 초점을 두기 때문에 체제적인 쟁점에 도달하지 못한다는 것이다. 회복적 정의가 개입의 역할만 하고 근원적인 원인을 무시한다면 무슨 일이 일어날까? 특히 성학대를 다룰 때에 젠더를 고려한 분석은 이 대화에 있어서 매우 중요한 것이다. 이러한 젠더 관점은 성폭력 같은 사회적 쟁점을 이해하기 위해서는 젠더의 사회적, 역사적, 문화적 구조를 고려해야 한다는 점을 인정한다. 성학대를 사회적 쟁점으로, 경험으로, 그리고 범죄로 고려한다고 해도, 여전히 회복적 정의는 잠재적으로 그 문제에 대한 불완전한 해결책이다.

회복적 정의가 근본적인 구조에 핵심적인 근원을 둔 잘못들을 과도하게 개인화할 수 있을까? 이것이 근본적인 구조가 아니라 개별 범죄를 다루는 형사사법체계 접근방식의 반복에 지나지 않을까? 회복적 정의가 구조를 전환시키는 방법일 수 있을까? 혹은 궁극적으로 사회적 쟁점을 해결할 수 있는 보다 전환적인 접근방식으로의 움직임이 될 수 있을까? 회복적 정의 대 "전환적" 정의trans-formative justice를 둘러싼 논쟁은 회복적 정의 영역 내에서 계속되고 있다.

4. 법의 테두리를 벗어난

회복적 정의의 또 다른 비판은 주로 법의 테두리를 벗어난, 즉 공식적인 형사사법체계 밖에서 작동한다는 것이다. 일부 프로그램들, 특히 청소년들을 위한 프로그램들은 사법절차에서의 다이버전 방식이다. 여전히 형사사법체계는 잘못된 행동을 고발하는 데에 중요한 역할을 한다. 어떤 이들은 이렇게 묻는다. "젠더 폭력이 법의 영역에서 범죄로서 공식적으로 다루어지지 않는다면 우리가 전진 대신 후퇴하고 있는 건 아닌가?" 이는 회복적 정의가 이 쟁점을 사적인 문제로 만듦으로써 아니면 공동체 기반 대응방식을 이용함으로써 중요하지 않은 쟁점으로 만들고 있다는 우려이다.

그러나 이 책은 형사사법체계와의 협업에 개방적인 회복적 정의를 지지한다. 대표적인 사례가 회복적 기회 프로그램the Restorative Opportunities program이다.

더군다나 회복적 정의는 사법절차로부터의 다이버전이나 피해자-가해자 만남에 국한되지 않는다. 일부 프로그램들은 회복적 정의 이념틀을 부분적으로만 받아들이는데, 예를 들어 피해자나 가해자 어느 한 쪽에게만 지원을 하는 방식으로 이루어지기도 한다. 회복적 정의는 보다 전통적인 접근방식을 보완하는 방식으로 기능할 수 있으며, 이를 통해 다른 접근방식들이 할 수 없는 방법으로 참가자들의 정의 욕구를 충족시킬 수 있다.

5. 재원

중요한 한계로 이야기되는 우려는 기금에 관한 것이다. 구체적으로, 회복적 정의 실천은 경제학에 의해 한정된다. 현재 지출이 기존 형사사법구조와 형사정책에 집중되어 있기 때문에 회복적 정의는 주로 불안정한 재원에 의존하고 있다. 예를 들어 캐나다에서는 청소년 가해자 관련 법률에서 회복적 정의 선택지를 규정하고 있지만, 실제 회복적 정의 프로그램 집행을 위한 충분한 재원이 제공되고 있지 않다. 게다가 서구사회에서 범죄는 정치적 쟁점이다. 많은 정치가들이 "범죄에 대한 강경책tough on crime"에 반대되는 입장에 서길 주저한다. 이러한 정치학 속에서 자원은 회복적 정의와 같은 대안적 실천을 위해서가 아니라 감옥 유지나 확장과 같은 항목에 흘러들어간다. 더욱이, 어떤 이들은 재원이 부족한 상황에서 그러한 프로그램들 때문에 다른 중요한 피해자 지원 서비스 역시 기금을 받지 못한다고 우려하고 있다.

가능성

1. 건강한 대안

이러한 어려움과 한계에도 불구하고, 낙관적인 이유들이 많이 있다. 많은 성학대 피해자들은 형사사법체계에서 권한을 빼앗기고 트라우마를 다시 경험하게 된다고 이야기한다. 그렇기 때문에 일부 성범죄 피해자들은 그들에게 목소리와 선택, 권한을 제공하는 대안적인 접근방식을 선택하고 있다. 전반적으로 회복적 정의는 피해자들의 다양한 욕구를 충족시킬 수 있는 더 많은 선택지를 제공한다. 회복적 정의 절차에서는 다른 피해자의 욕구들뿐만 아니라 피해자/가해자의 다양한 관계가 고려될 수 있다.

2. 확인

회복적 정의 절차는 피해자의 욕구를 확인하도록 설계되어야 한다. 피해자의 욕구는 그들의 이야기를 믿어주는 것부터 안전을 보장하기, 그들의 질문을 먼저 고려하기, 선택지들을 제공하기 등등 매우 다양하다. 회복적 정의 절차는 피해자에게 그들이 경험한 폭력으로 비난받지 않는다는 확신을 주어야 한다. 피해자-가해자 대화모임victim-offender conference이나 뉴질랜드 소년사법체계에서의 가족간 대화모임family group conference[53]과 같은 대화 프로세스에서도 형사사법체계에서 하지 않는 방식으로 피해자의 욕구와 경험을 확인할 수 있다.

> 회복적 정의 절차는 형사사법체계에서 하지 않는 방식으로 피해자의 욕구와 경험을 확인할 수 있다.

책임에 대해서도 마찬가지이다. 회복적 정의 절차는 형사사법체계가 하지 않는 방식으로 책임을 지고 잘못을 인정하도록 이끌어낸다. 법적 절차에서 가해자는 주로 자신의 범죄를 부인하고 무죄를 주장하게 된다. 이러한 부인은 피해자가 경험한 상처를 더 가중시키며, 가해자는 자신이 저지른 행동의 영향과 책임질 의무로부터 도망친다. 회복적 정의 대화모임에서는 주로 가해자가 자신의 행위가 초래한 영향을 이해하기 시작하면서 더 완전하게 책임을 지게 된다. 또한 피해자는 공개적인 굴욕을 피할 수 있으며 그 대신 존중, 확인, 존경, 존엄, 그리고 개인의 권한을 높일 수 있다.

3. 선택과 결정

피해자에게 그들의 욕구가 무엇인지, **어떻게** 정의를 이룰 것인지를 선택할 기회를 제공함으로써 피해자의 안전뿐만 아니라 권한과 자율성의 욕구를 충족시킨다는 점에서 회복을 촉진하게 된다. 회복적 정의는 피해자가 결정에 참여할 수 있도록 피해자에게 목소리를 더 많이 부여한다. 피해자의 결정은 언제 어떻게 절차를 진행할지, 누가 참여할지에서부터 그 결과가 어떠해야 한다고 생각하는지까지 광범위하다. 이러한 방식으로 피해자는 그들의 욕구가 무엇인지와 어떻게 욕구를 충족할지 모두를 선택할 수 있다.

가해자가 체포되고 잘못을 인정할 때에 회복적 정의 대화는 피해자가 권한강화empowerment를 할 수 있는 새로운 가능성을 만들어낼 수 있다. 가해자가 체포되지 않았더라도, 피해자는 가족들과 함께하는 피해자 대화나 동료 지지자 모임 등과 같은 회복적 정의 프로그램을 활용할 수 있다. 예시로, 앞에서 설명한 공동체 정의 전략 프로그램/Community Justice Initiatives program을 참조

4. 대화를 위한 기회

회복적 정의 절차가 갖는 또 다른 독특하고 중요한 가능성은 당사자들 간의 대화를 위한 잠재력에 관한 것이다. 물론 대화가 모든 사례에서 적합한 방식은 아니다. 그러나 일부 피해자들은 가해자에게 직접 말하길 원하며, 특히 피해자가 대답을 듣기 원하는 중한 범죄에서 그러하다. 피해자들은 질문을 할 수 있지만, 또한 그들의 이야기를 말하고 그들이 받은 영향에 대해 이야기할 수 있다.

피해자들과 그들의 공동체는 회복적 정의의 만남에 참여함으로써 관련된 모든 참여자들을 위한 의미있는 방식으로 폭력을 비난할 수도 있다. 또한 회복적 정의 절차는 피해자와 가해자가 직접 대면하는 방식으로 제한되어 있지 않다. 때로 피해자들은 "대리" 가해자들, 즉 유사한 범죄를 저지른 가해자들을 만나는 것이 도움이 된다는 것을 알게 되기도 한다. 역으로, 성

범죄자가 그들에게 직접 피해를 입지는 않았지만 다른 사람에 의해 범죄를 경험한 피해자들을 만나 그들의 이야기를 듣고 대화하는 것이 도움이 되기도 한다. 더 많은 대화의 기회를 통해 공동체가 범죄의 영향을 공유하고 어떻게 해결할지를 상세히 논의할 수 있다.

5. 희망과 포용

회복적 정의는 포용적이다. 피해자들은 사람이다. 성범죄자들도 사람이다. 모두 중요하고, 모두 어떠한 방식으로든 우리의 공동체에 속해 있다. 포용은 피해를 최소화거나 경계를 제거하라는 의미는 아니다. 84 성적으로 가해를 한 사람이 존중을 주고받는 관계의 영역 내에서 살아갈 수 없다면 구금이나 분리는 적절한 방법일 수 있다. 그러나 회복적 정의의 에토스를 적용할 때에 우리는 희망을 가지고 살아가는 것을 선택할 수 있다. 여기서 희망은 피해가 의미있게 다루어지고 모든 사람들이 치유로 나갈 수 있도록 적절한 지지와 돌봄을 받을 수 있다는 희망이다.

회복적 정의의 한계를 인정하는 것은 중요하다고 생각한다. 현재 회복적 정의의 실무는 성학대 사안에 대응하기 위한 완벽한 방

한계	가능성
• 모든 상황에 적용되는 해결책	• 피해자의 선택 범위를 확대한다.
• 피해자의 안전은 중요하게 고려되어야 한다.	• 사례들의 고유한 특성을 인식한다.
• 언어는 장벽이 될 수 있다. - 예를 들어, "피해자" 또는 "회복"	• 가해행위를 부인하기보다는 인정하게 할 수 있다.
• 근본적인 사회적 원인을 적절하게 다루지 않을 수 있다.	• 말하고, 들려주고, 질문에 대한 대답을 얻는 절차를 통해 치유에 도움이 될 수 있다.
• 다이버전으로 전해지는 메시지는 성폭력의 무게와 젠더화된 속성을 폄하할 수 있다.	• 폭력에 대해 비난하는 전환적이고 의미있는 방식의 대면 대화를 제공할 수 있다.
• 실천의 경제학과 범죄의 정치화	• 보다 통합적이고 상식적인 범죄에 대한 관점과 보다 포용적인 희망을 기반으로 한다.

법이 아니며, 모든 이들이 이러한 방식을 바라는 것도 아니다. 그러나 정의를 위한 이러한 방안이 피해자들의 다양한 욕구를 충족하고 성범죄자들에게 새로운 수준의 책임을 요청할 수 있음도 분명하다. 회복적 정의의 현장이나 실천이 완벽하지는 않더라도 회복적 정의는 피해자와 가해자, 그리고 공동체에게 성학대가 일어난 이후에 정의를 실현할 수 있는 새로운 가능성을 제공한다.

비록 현재 실천되고 있는 회복적 정의가 모든 상황에 적용할 수 있는 것은 아니더라도, 우리는 회복적 정의 이념틀이 적용될 수 있다고 주장할 수 있다. 이 상황에서 누가 상처를 받았는가? 그들의 욕구는 무엇인가? 의무가 무엇이며, 누구의 의무인가? 근본적인 원인은 무엇인가? 누가 관여해야 하는가? 그리고 이러한 질문을 다루기 위한 최선의 절차는 무엇인가? 이러한 질문들이 일상적으로 질문되는 날들을 상상해본다.

9장 • 원칙에 입각한 실천

이 리틀북의 분량상 특정한 프로그램과 모델에 대해 상세히 논의하기는 어렵다. 이 시리즈에서 출간된 다른 책들에서 이미 모델의 가능성에 대해서 밝히고 있다. 다른 책들에 대해서는, 부록에 "참조 문헌"으로 제시하였다.

우리는 특정한 프로그램 모델보다는 "원칙에 입각한 실천", 즉 핵심 가치로부터 제기된 실천을 지지한다. 회복적 정의의 원칙과 가치는 정의와 평화 실천 시리즈에서 제시한대로 하나의 세트를 제공한다. 아래의 아홉 개의 원칙들은 성폭력에 대한 회복적 대응에 있어 지침을 제공한다.

원칙1: 피해자 우선

• 첫 번째 우선 사항은 항상 안전이다. 신체적인 안전뿐만 아니라 안전의 일부로 피해자에게 자신의 욕구를 확인할 수 있는 공간과 시간이 주어져야 한다. 이로 인해 가해자의 욕구가 희생될 수 있는데, 그것은 문제없다. 피해자는 우선권을 가진다.

원칙2: 트라우마에 대한 충분한 정보

- 성학대는 매우 트라우마적인 경험일 수 있다. 개입을 할 때에 피해자가 어떻게 트라우마를 경험했는지를 고려해야 한다. 많은 가해자들 역시 트라우마의 역사를 가지고 있다. 가해자들에게 지지의 맥락에서 책임을 묻는다는 것은 어떤 의미인가? 트라우마에 대한 충분한 정보 원칙은 회복적 정의 실천이 또 다른 피해를 주지 않도록 시도되어야 한다는 것을 의미한다. 이는 강점과 회복력, 그리고 희망에 초점을 두어야 한다는 것을 의미한다.

원칙3: 구조적 분석

- 개입은 큰 그림을 고려하면서 이루어져야 한다. 왜 남성들이 여성들보다 더 많이 성범죄를 저지르는가? 왜 북미의 선주민들과 유색인종들이 백인보다 더 많이 구금되는가? 왜 정신 건강의 문제와 중독 문제를 가진 사람들이 교도소에서 과도하게 나타나는가? 왜 빈곤한 사람들이 중산층이나 상류층에 비해 더 자주 체포되는가? 이러한 요소들은 회복적 정의의 개입에서 어떻게 반영되는가?

원칙4: 한계 내에서의 포용

- 모든 사람은 공동체의 일부가 될 권리를 가진다. 그러나 공동체로의 포용은 서로에 대한 존중을 유지해야지 가능하다. 성적으로 가해를 한 누군가는 어떤 면에서 이를 포기한 것이다. 공동체들은 성범죄자를 어떻게 맞이할 것인지 신중하게 고려해야 한다. 단지 어떤 사람이 "복역했다"는 것 때문에 특정한 활동에 제한을 받아선 안 된다는 것을 의미하는 것은 아니다. 특히 신앙 공동체에서는 이에 대해 고심하고 있다. 누군가를 공동체에 포용하기 위한 적절한 경계는 무엇인가?

원칙5: 침묵은 금이 아니다.

- 성학대를 멈추기 위한 최선의 방법은 그것에 대해 이야기하는 것이다. 폭력은 비밀에서 자라난다. 예방을 위해서는 아이들이 이 어려운 쟁점에 대해 어떻게 더 잘 배울 수 있는지 고민하고 노력해야 한다. 마찬가지로 개입하기 위해서는 해악을 명명하는 것을 회피해선 안된다. 회복적 정의 촉진자들facilitators은 다양한 이해당사자들, 피해자, 가해자, 그리고 공동체에 대해 책임을 가진다. 그들은 또한 폭력에 대항할 책임을 가진다. 회복적 정의는 폭력에 중립적이지 않다.

원칙6. 공동체 책임

• 공동체는 성학대 피해를 경험한다. 가족 구성원들은 그들 중 하나가 성학대 피해를 입었을 때에 깊이 상처받는다. 공동체 구성원들은 내부에서 가해의 소식이 전해졌을 때에 배신과 고통을 경험한다. 이러한 욕구들에 주의를 기울여야 한다.

• 동시에 공동체는 그들 구성원을 돌보고 또 다른 피해를 예방할 책임을 가진다. 성학대의 근본적인 원인에 접근하고자 한다면, 학교, 커뮤니티 센터, 신앙 공동체, 그리고 가정에서 성학대에 대해 이야기하는 방법을 찾아야 한다. 공동체는 그 책임을 져야 한다.

원칙7. 정보를 충분히 제공받은 자발적 참여

• 사람들은 선택할 수 있어야 한다. 개입의 형식에 관계없이, 참여자들이 절차와 기대, 책임, 한계 등을 이해하고 있는가? 만약 가해자가 회복적 대화모임 전에 책임을 완전히 인정하지 않는다면, 피해자는 정보를 충분히 제공받고 참여 여부를 결정하기 위해 이 사실을 알아야 하는가? 회복적 정의는 공동체 구성원들이 참여해야 한다고 생각할 때조차 사람들에게 참여를 강요하지 않는다. 참여가 강요된다면 절차가 역효과를 낼 것이다.

원칙8. 준비는 중요하다

• 이 원칙은 적절한 준비가 필요함을 이야기한다. 절차가 공식적일수록 준비는 더욱 필수적이다. 훈련받은 촉진자facilitator가 있으면 준비에 도움이 될 수 있다. 촉진자들은 대화가 이루어지기 전에 모든 사람을 개별적으로 혹은 소그룹으로 만날 시간을 가져야 한다. 또한 이러한 상황에서는 한 명의 촉진자보다는 여러 명이 협업하는 것이 더 낫다.

• 준비의 일부는 평가이다. 이 참여자들이 함께 만나는 것이 안전한가/적절한가? 그들의 욕구가 너무 나뉘는 것이 아닌가 또는 욕구들이 충분히 수렴되고 있는가? 참여자들의 의도, 목적, 목표, 그리고 희망은 무엇인가? 참여자들이 이 절차의 한계와 가능성을 이해하고 있는가? 그들이 말하고자 하는 것은 무엇인가? 그들이 묻고자 하는 것은 무엇인가? 그들이 의미있게 참여할 수 있는 역량을 가지고 있는가? 자발적인 참여자들이 최선을 다하기 위해 어떠한 지원이 필요한가?

원칙9. 적절한 파트너쉽

• 회복적 정의의 개입은 개별적으로 작동해선 안된다. 우리의 경험에 비추어보면, 심리치료사와 보호관찰관 같은 형사사법 전문가들을 공동체 대화 절차에 포함하는 것이 상당히 도움이

되었다. 또한 촉진자는 위해harm가 미성년자에게 일어났거나 또 다른 사람에게 일어날 것으로 의심되는 경우에는 관련 기관과 정보를 공유해야 할 책임이 있다.

• 가해자가 책임지기를 주저하며 절차를 조작하고자 한다면, 이러한 상황을 알고 있는 다른 전문가와 함께 사건을 논의하기 위해 서면 확인을 받는 것이 도움이 된다. 또한 피해자가 관련되어 있고 상담가의 도움을 받고 있을 때에는 그 지원자들과 함께 회복적 정의 이념에 대해 논의한 후 서면 동의를 받는 것이 유용하다.

이 아홉 개의 원칙은 성학대에 회복적 정의 이념틀을 적용하기 위한 기본 구성요소가 될 수 있다. 이 원칙들은 존중과 통합성의 가치에 기초한다. 결국 이 원칙들은 실천을 구체화한다. 이 책에서는 회복적 정의가 우선적으로는 원칙에 입각한 접근방식이며 단지 부차적인 의미에서만 실천의 한 형태라는 점을 강조하면서 이러한 중간 수준을 정교화하고 있다. 마지막 장에서는 이 점을 강조하는 사례를 공유하면서 결론을 짓고자 한다.

10장 · 결론 : 사례 이야기

성학대에 대한 대응으로서 회복적 정의에 대한 다음의 이야기는 이 책에서 정교화해온 이념틀이 제공하는 약간의 어려움과 거기에 수반되는 가능성과 희망을 보여준다. 우리는 다음과 같이 강조한다. 어떠한 절차도 완벽하지 않다.

다음에서 설명할 사례 이야기는 실제 회복적 정의의 협의에 기초하고 있다. 그러나 참여자들의 프라이버시 보호를 위해 이름과 식별가능한 특징들을 바꾸었다.

몇 분 후에 그레그는 12명의 가족들이 있는 방으로 들어갈 것이다. 그곳엔 그의 노부모들이 있다. 그는 부모님의 나이든 얼굴에 떠올라 있을 실망을 상상한다. 그는 이 사건에 대해 그의 어머니나 아버지에게 이야기한 적이 없다. 세 누이들과 한 명의 남동생, 그들의 배우자, 그리고 상담사가 저 방에 있을 것이다. 그들을 어떻게 볼 수 있을까? 어디론가 다른 곳으로 갈 수만 있다면 뭐든지 바칠 수 있을 것이다. 심지어 감옥

이 여기보다는 나을 것 같다고 그는 중얼거린다. 회복적 정의 촉진자 중 한 사람이 말한다.

"준비되었나요?"

그는 앞에 앉아 있는 여자와 남자를 쳐다본다. 촉진자 뒤에 있는 창문이 그녀의 고요하고 안심시키는 듯한 얼굴을 가로질러 그림자를 드리운다.

"준비되었어요.… 더 할 나위 없이.…" 그래 그는 대답했다.

"들어가기 전에 필요한 것은 없나요?" 남자 촉진자가 친절한 목소리로 물었다.

"아니에요. 이제 해야 할 것 같아요. 들어가죠."

촉진자는 일어나 문을 열고 홀 너머를 가리켰다. "우리는 저 방에 갈 거예요. 당신의 가족들이 기다리고 있어요."

＊＊＊＊＊

이년 전, 20대 후반의 젊은 여성인 디나는 회복적 정의 단체에 그녀의 오빠에 대해 의논하기 위해 두 명의 스탭들을 만나러 찾아왔다. 그녀의 오빠는 그녀를 성적으로 학대했는데, 당시 오빠는 10대였고 그녀는 10살도 되지 않았다. 그녀의 인생은 최근까지도 엉망이었다고, 그녀는 말했다. 그녀는 막 오래된 관계를 끝냈고, 일자리를 잃었으며, 그녀의 가까운 가족들 그 누구로부터도 지지를 받지 못했다. 그녀는 자신의 인생을 되돌리길 원했다. 그녀는 가족들을 되찾길 원했다. 그녀는 그레그가 한 일을 가족들이 알길 원했다.

촉진자들은 공감하며 들었고 트라우마에 대한 설명을 해주었다. 그들은 디나가 경험했던 학대는 마치 현재에 일어난 것처럼 다시 체험하고 있는 것을 알아차렸다. 그들은 그녀가 상담을 받은 적이 있는지를 물어보았다. 그녀는 상담을 받은 적이 없었다. 몇 차례 전화를 한 후 촉진자들은 디나에게 두 개의 상담소를 연결해주었는데, 하나는 개인 상담을 할 수 있는 곳이었고 다른 하나는 그룹 지원을 제공하는 곳이었다. 다음 해까지 촉진자들은 디나가 그 프로그램에 참여하고 있는 동안 계속 연락을 취했다.

일년 후, 디나는 되돌아왔다. 그녀는 회복적 정의 절차를 원했다. 가족들과 그녀와의 관계는 여전히 껄끄러웠고, 그녀는 가족들이 그녀가 겪은 일을 이해하길 바랬다. 그리고 그녀는 정말로 그래그가 자신을 성적으로 학대했다는 것, 그리고 그가 한 짓이 잘못이라는 것을 인정하길 원했다. 그녀는 또한 "왜" 그랬는지, 그 때 그가 무슨 생각을 하고 있었는지를 알고 싶었다. 상담가는 디나와 함께 촉진자들을 만났다. 6개월 간 수차례 만남을 가진 뒤, 모두들 촉진자가 그레그와 다른 가족들에게 연락할 시점이라는 것에 합의했다. 그들이 가족 미팅에 동의할지 알아보기로 했다.

그레그는 미적거리는 모습을 보인 후에 동의했다. 처음에 그는 법적인 영향에 관해 걱정했지만 너무 오랫동안 이 비밀을 가지고 왔다는 것을 인정하고 그의 여동생과 가족, 그리고 그에 따른 결과를 대면하겠다고 결정했다. 가족들 역시 참여하는 데에 동의했다. 그의 부모는 어떻게 이러한 것들이 디나에게 그토록 심각한 영향을 주었는지 이해하려고 고심했다. 그들은 단지 그녀가 그레그를 용서하길 원했다. 다른 가족들은 분노했다. 그레그의 남동생은 배신감을 느꼈다. 그는 항상 그레그를 존경했으며, 그들은 모든 것을 함께 하며 커왔다. 그레그의 누나는 회복적 정의 대화모임이 나쁜 아이디어라고 생각했다. 그녀는 디나가 경찰에 가야 한다고 생각했다. 그러나 그녀는 여동생을 지지하기 위해 그 자리에 가길 원했다.

* * * * *

모든 사람들이 둥글게 원을 그리며 앉았다. 중앙에 테이블은 없었다. 기본 규칙에 대해 이야기하고 참여자들이 왜 이 자리에 왔는지를 상기시킨 후에, 촉진자는 모두에게 각자 오늘의 주된 바램에 대해 간단히 이야기해달라고 질문을 던졌다. 돌아가며 사람들은 이야기했다.

"나는 우리가 그녀를 믿고 있단 걸 디나가 알았으면 좋겠어요." 누군가 말했다.

"어떻게든, 어떤 방식으로든 사람들이 여전히 나를 받아들여 줄 수 있길 바래요." 그레그는 밝혔다. "모두들 내가 얼마나 미안해하는지 알았으면 좋겠어요.… 정말 미안해요.… 미안해.… 당신들을 다시 볼 수 있고 당신들도 나를 다시 볼 수 있길 바래요."

"도대체 무슨 말을 해야 할지 모르겠어요. 나는 단지, 단지 우리가 다시 가족이 되었으면 좋겠어요.… 그… 그… 그레그 너는 정말 역겨워." 한 남자가 깊이 숨을 몰아쉬며 소리쳤다.

"나는 그레그가 나의 말을 듣고 자신이 나에게 얼마나 큰 상처를 주었는지를 알고, 내가 그 일을 안고 살아가는 게 얼마나 힘들었는지를 알았으면 좋겠어요. 나는 당신들 모두가 나의 인생에 대해 더 이상 판단하지 말고 왜 내가 그렇게 힘들었는지를 알아줬으면 좋겠어요. 나는 가족들을 되찾았으면 좋겠어요." 디나는 자신감과 용기를 가지고 차분하고 침착하게 주장했다.

촉진자들은 대화를 이끌었다. 과거에 무엇이 일어났는지부터 출발하여 어떻게 사람들, 특히 디나에게 영향을 미쳤는지를 이야기했다. 그녀는 그 악몽에 대해 설명했으며, 많은 시간동안 어떻게 그녀를 옭아맸는지, 관계, 일, 그리고 가족을 둘러싼 모든 것에 영향을 미쳤는지 말했다. 그녀는 말을 하는 중 대부분 그를 쳐다보았다. 때때로 울기도 했지만, 대체로 평정을 유지했다. 그녀는 상담가와 촉진자와 수개월 동안 함께 했고, 그녀가 그에게 되돌려주길 원하는 것을 반복해서 이야기해왔다. 그레그는 가끔 눈을 마주쳤다. 그는 흐느껴 울었고, 고개를 끄덕였다. 그는 "미안하다"고 중얼거렸다.

가족들은 말했다. 그들은 디나에게 동의하며, 그녀의 용기에 감사했다. 그들은 그녀가 힘들 때에 그녀를 밀어낸 것에 대해 미안하다고 말했다. 그들은 그들이 어떻게 달라질 수 있는지 물어보았다.

그레그는 이야기했다. 그는 자신이 디나를 성적으로 학대했음을 인정했다. 그는 당시 그냥 쇼앤텔show-and-tell과 같은 놀이였다고 말했다. 그는 그러나 그것이 잘못이라는 것도 알고 있었다. 그는 그녀에게 누구에게도 말하지 않도록 맹세하도록 했기 때문에 알고 있었다. 그는 양심의 무게, 수십년 간의 무게 때문에 알고 있었다. 그러나 그가 얼마나 그녀에게 상처를 입혔는지는 결코 알지 못했다. 촉진자들은 사전 대화모임 준비과정에서 그가 그것에 대해 생각하게 하도록 노력했지만, 그는 그녀의 이야기를 듣기 전까지 그 영향을 진심으로 이해하지 못했다.

"내가 무엇을 해야 할까? 미안하다는 것은 … 그냥 … 그냥 말뿐, 공허한 말처럼 느껴져."

"너는 여기에 있어." 디나가 대답했다.

촉진자는 논의를 다음으로 논의를 진전시키기 위해 근본적인 질문을 던졌다. "가능한 한 상황을 바로 잡기 위해 무엇이 필요할까요?" 논의가 잠시 가열되었다. 형제자매의 배우자 중 하나는 그를 도저히 감당못하겠다며 자리를 박차고 나갔다. 촉진자들은 절차를 잠시 중단하고 사람들을 살폈다. 전체적으로 그들은 그 없이 절차를 진행하겠다고 결정하였다. 그러나 너무 많은 시간이 흘렀고 참여자들은 지쳤다. 그들은 다음 주에 두 번째 만남을 계속하기로 결정하였다. 디나는 그레그가 상담을 받길 원한다는 것을 알았고, 가족들 모임이 진척되는 것에 대해 논의하길 원한다는 것을 알았다.

그들의 어머니는 모임 내내 조용하게 있었다. 눈물을 흘리며 그녀는 말했다. "난 우리 집에서, 우리의 아름다운 집에서 그런 일이 있었다는 걸 상상할 수 없었어요. 우리는 서로를 보살피고 사랑하고 행복하기 위해 정말 노력했어요. 나는 그 일을 털어버리려고 여기에 왔어요. 모두 용서하고 그 일을 극복하길 원하면서요. 이제 나는 시간이 필요하다는 걸 알겠어요. 나는 늘 애들에게 용서하라고 이야기해왔어요. 이제 내가 어떻게 해야 할지 모르겠어요. 여기에 처음 왔을 때보다 나는 더 화가 나요. 하지만 행복하기도 해요. 아니, 적당한 말이 아니네요. 기뻐요. 네가 자랑스럽구나, 디나. 우리 가족이 이런 이야기를 할 수 있다는 것이 자랑스럽구나. 그레그, 내가 어떻게 너를 봐왔는지, 어떻게 생각했는지 모든 것이 바뀌고 있어. 하지만, 너희 둘 모두 내 자식들이란다."

마지막으로, 촉진자들은 모든 참여자들에게 마치면서 어떤 감정이 드는지를 물어보았다.

"지치네요. 그렇지만 만족합니다." 다들 고개를 끄떡였다.

"슬퍼요."

"디나에게 존경의 마음을 보내요. 그레그가 이 모임에 와주어서 기뻡니다."

"희망적이에요."

* * * * *

참여자들은 회복적 정의 절차의 과정과 결과에 만족했다. 디나는 그녀의 가족들로부터 다시 지지를 받게 되었고, 그들은 이제 그녀의 피해 경험the lens of victimization을 통해 현재 그녀가 겪고 있는 어려움을 볼 수 있게 되었다. 그레그는 상담을 받게 되었다. 일부 가족들은 그레그를 멀리했다. 그들은 책임을 기꺼이 지려는 그의 태도에 감사해하긴 했지만, 그가 한 일을 통해 알게 된 그의 모습을 받아들일 수는 없었다. 다른 가족들은 그와 강하고 생생한 유대를 유지했다. 디나는 오랜만에 그레그가 있는 가족 행사에서 편안함을 느낄 수 있었다. 그레그가 상담을 받게 되면서 디나는 그가 다른 사람에게 성학대를 할지도 모른다는 걱정을 덜게 되었다. 인정이나 확인을 통해 핵심적인 욕구의 일부가 충족되었고 가족들이 치유를 향해 나가게 되었다는 점은 분명하다. 모든 회복적 정의 절차가 이 사례와 같은 결과를 얻지 않을 수도 있다. 다른 사례에서 실무가들은 사전 준비 과정에서 절차를 중단하기도 한다. 어떤 가해자는 범죄로 처벌받지 않은 것 이상을 원치 않을 수 있다. 어떤 피해자는 상담과 같은 다른 지원을 필요로 하며, 그것이 그들의 욕구에 더 잘 부응할 수 있다. 그러나 이 사례를 통해 우리는 무엇이 가능한지를 확인할 수 있다. 이것으로 고통은 사라지지 않는다. 쉬운 해결은 없다. 사람들은 성학대로 인한 고통을 비통해할 수 있는 안전한 공간을 원한다. 디나와 그레그의 이야기에서 피해자는 삶을 더 잘 직면할 수 있는 힘을 느끼며 떠나갔다. 가해자는 비밀과 수치심의 부담을 덜었다. 대체로, 완벽하진 않았지만 긍정적인 결과를 얻었다. 그것은 트라우마를 극복하는 희망이다.

맺음과 시작

이 책을 읽어주신 독자들에게 감사의 인사를 전한다. 우리의 목표는 이 책을 통해 성학대에 대한 대응으로서 회복적 정의가 유용한지에 대해 계속하고 있는 대화의 일부를 보여주는 것이다. 우리는 권위의 목소리가 아니라 초대의 목소리로 글을 쓰기 위해 신중하게 접근했다. 독자로서 이 책의 내용에 동의하지 않을 수 있지만, 그것도 괜찮다고 생각한다. 회복적 정의의 에토스는, 어느 정도는, 어려운 주제들을 이야기하기 위한 안전한 공간을 만들어내는 것에 관한 것이다. 성학대는 정말 어려운 주제이다. 이 책이 이러한 폭력을 종식시키고 안전과 존중, 존엄의 공동체를 만들어내는 데에 작으나마 기여할 수 있길 바란다.

후주

1) (역주)"hug-a-thug" 프로그램은 자유주의적이고 온건한 마음의 구금시설 관리자들의 철학, 원리, 정책, 절차에 기초한 비공식적 개념이다. 전문적 교도관들은 범죄자들에게 법에 의해 요구되는 기본적인 것만 제공하는 것이 아니라, 과분할 정도의 "가정의 안락함"과 개인의 권리와 자유를 제공하는 프로그램.

2) Judith L. Herman, *Trauma and Recovery: The Aftermath of Violence - From Domestic Abuse to Political Terror* (New York: Basic Books, 1997).

3) Paul E. Mullen and David M. Fergusson, *Child Sexual Abuse: An Evidence- Based Perspective* (London: Sage Publications Inc., 1999).

4) 인지 행동 심리치료와 그것을 중독에 활용하는 것에 대한 유용한 입문서는 다음을 참조(For a helpful primer on Cognitive Behavioral Therapy and its uses with addictions see): Julian Somers, *Cogvitive Behavioural Therapy* (Vancouver: Centre for Applied Research in Addiction & Mental Health. 2007).

5) Jay Harrison and Ginette Lafrenière, *The Change Project: University Campuses Ending Gendered Violence-Final Report and Recommendations to Wilfrid Laurier University* (Waterloo: Social Innovation Research Group, 2015).

6) *ibid*

7) Bonnie Fisher Francis T. Cullen, and Michael G. Turner, *The Sexual Victimization of College Women* (Washington, DC: National Institute of Justice, 2000).

8) *ibid*

9) For example, Neil M. Malamuth, "Rape Proclivity Among Males." *Journal of Social Issues* 37, no. 4 (1981): 138-157; Julie A. Osland, Marguerite Fitch, and Edmond E. Willis. "Likelihood to Rape in College Males," *Sex Roles: A Journal of Research* 35. no. 3-4 (1996): 171-183.

10) Brené Brown, "The Power of Vulnerability," June 2010, lecture video and transcript, 20:19, TEDxHouston, TED Talks, http://www.ted.com/talks/brene_brown_on_vulnerability.html.

11) Brentin Mock, "Holder: 'We Can't Incarcerate Our Way lo Becoming a Safer Nation,'" Color Lines: News for Action, August 12, 2013, http://colorlinnes.com/archives/2013/08/holder_we_cant-incarcerate_our_way_to_becoming_a_safer_nation.html.

12) (역주)trauma-informed lens 트라우마에 근거한 정보를 가지고 이를 통해 비정상적으로 행동하는 피해자의 반응을 이해하려는 시각을 의미.

13) (역주)형사사법적 맥락에서 사회 내에서 자유를 제한하는 방식 등을 포함하여 사회에 위협이 되지 않는 상태로 만드는 것, 사회를 보호하고, 그 사람이 더 이상 범

죄를 하지 않도록 하는 것(예컨데: 구금, 사형 등)

14) Brene Brown, "The Power of Vulnerability."

15) Herman, *Trauma & Recovery : The Aftermath of Violence – From Domestic Abuse to Political Terror.*

16) Kathleen Daly, "Restorative Justice and Sexual Assault," *British Journal of Criminology* 46, no.2 (2006): 334–356.

17) Clare McGlynn, Nicole Westmarland, and Nikki Godden, "I Just Wanted Him to Hear Me: Sexual Violence and the Possibilities of Restorative Justice," *Journal of Law and Society* 39, no.2 (2012): 213–240.

18) Tinneke Van Camp and Jo–Anne Wemmers, "Victim Satisfaction with Restorative Justice: More THan Simply Procedural Justice," *International Review of Victimology* 19, no.2 (2013): 117–143.

19) National Center for Missing & Exploited Children, http://www.missingkids.com

20) Dennis A. Challeen, *Making it Right: A Common Sense Approach to Criminal Justice* (Aberdeen: Mellus & Peterson Publishing Co., 1986), 37–39.

21) Martin E. P. Selgman, *Learned Optimism: How to Change Your Mind and Your Life* (New York: Random House, 1990).

22) Linda Pressly, "The Village Where Half the Population Are Sex Offenders," *BBC News Magazine*. July 31, 2013, http://www.bbc.com/news/magazine–23063492.

23) Correctional Service of Canada, *Circles of Support & Accountability: An Evaluation of the Pilot Project in South–Central Ontario*. research report R–168 (Ottawa: Correctional Service of Canada, 2005).

24) *Ibid.*

25) Marian V. Liautaud, "Sex Offenders in the Pew: How Churches Are Ministering to Society's Most Despised," Christianity Today, September 17, 2010, http://www.christianitytoday.com/ct/2010/september/21.49.thml

26) Mechtild Hoing, Stefan Bogaerts, and Bas Vogelvang, "Circles of Support & Accountability: How and Whay They Work for Sex Offenders," *Journal of Forensic Psychology Practice* 13, no.4 (2013): 267–295.

27) Alan Jenkins, *Becoming Ethical: A Parallel Political Journey with Men Who Has Abused* (Dorset: Russell House Publishing, 2009).

28) Herman, *Trauma and Recovery: The Aftermath of Violence – From Domestic Abuse to Political Terror.*

29) James Gilligan, *Violence: Reflections on a National Epidemic* (New York: Vintage, 1997): 111.

30) 두 이미지 모두 Dorothy Vaandering, *A Window on Relationships: Enlarging the Social Discipline Window for a Broader Perspective*, October 14, 2010. 국제 회복적 실천 기구의 13 회 세계 회의 (13th Wordl COnference of the International Institute of Restorative Practices), http://www.iirp.edu/pdf/Hull–2010/Hull–2010–Vaandering.pdf

31) Shalem Mental Health Network, "FaithCARE." http://shalemnetwork.org/support– programs/support–programs–restorative–practice/fiathcare/

32) Terry O'Connell, Ben Watchel, and Ted Watchel, *Conferencing Handbook: The*

New Real Justice Training Manual (Bethlehem: International Institue for Restorative Practices, 1999). 또한 International Institute for Restorative Practice, "Restorative Conference Facilitator Script," April 20, 2010. http://wwwiirp.edu/article_detail. php?article_id=NjYy 참조.

33) Harrison and Lafrenière, The Change Project: University Campuses Ending Gene-dered Violence – Final Report and Recommendations to Wilfrid Laurier University.

34) Mary P. Kass, Jay K. Wilgus, Kaaren M. Williamsen, "Campus Sexual Misconduct: Restorative Justice Approaches to Enhance Compliance with Title IX Guidance," *Trauma, Violence & Abuse* 15. no.3 (2014):242–257.

35) (역주) 오지브와(the Ojibwa) 또는 치페와(the Chippewa)로 불리기도 하는 이들은 캐나다와 미국 중서부 지역의 아니쉬나베 원주민이다. 캐나다에서 이들은 퍼스트 네이션(First Nation) 중 두 번째로 큰 종족으로, 전통적으로 오지브와 언어를 사용하며 주로 사냥, 낚시, 덫놓기, 야생벼 재배 등을 통해 경제생활을 유지한다.

36) (역주) 캐나다에서 퍼스트네이션(First Nation)은 캐나다 선주민을 통칭하는 표현이다. 할로우워터 퍼스트네이션은 캐나다 위니펙 호수 동쪽에 거주하는 아니쉬나베 퍼스트네이션을 지칭하는 표현이다. 여기서 할로우워터는 와니피고우(Wanip-igow)라는 단어에 기원을 두고 있는데, 이 단어는 움푹 들어간 물(hollow water) 또는 물 안의 구멍을 의미한다. 과거 강이 언덕들이 있는 지역을 지나 큰 호수로 흐르면서 구멍으로 들어가 사라지는 것을 표현한 것으로, 위니펙 강의 입구에서 위니펙 호수로 흘러들어가기 전에 물이 원을 그리며 소용돌이를 만드는 것을 표현한 것이다.

37) (역주) 'Indigenous Community/people'은 일반적으로 '원주민'으로 번역되지만, 원주민은 그동안 언어적 용례와 문맥으로 미개한, 원시적인 의미가 부착되어 있어, 최근에는 정치적으로 올바른 언어의 전환을 위해 '선주민'이라는 번역을 사용하기도 한다. 회복적 정의는 서구 근대적 가치를 보편화해왔던 정의 개념을 변화시키고 그동안 잊혀졌던 다양한 가치를 반영한 정의를 추구하는 지향을 가지고 있다. 회복적 정의에 대해 설명하는 이 글에서는 이를 선주민이라고 번역한다.

38) Rupert Ross, *Returning to the Teachings: Exploring Aboriginal Justice* (Toronto: Penguin Canada, 1996); Christine Sivell–Ferri, *The Four Circles of Hollow Water* (Ottawa: Ministry of the Solicitor General, Ottawa, 1997): 96.

39) (역주) 인디언법(the Indian Act)은 인디언들 및 그 부족의 등록 및 인디언 보호구역 시스템에 관한 캐나다 연방법이다. 1876년 제정되었으며, 수차례 개정을 거쳐 현재에도 효력을 가지고 있다. 법제정 초기에 선주민에 대한 강제적 동화정책을 담고 있던 인디언법은 이후 수차례 개정되었으나, 이 법을 둘러싼 논쟁은 현재에도 지속되고 있다.

40) Truth and Reconciliation Commission of Canada, "About the Commission: Indian Residential Schools Truth and Reconciliation Commission," http://trc.ca/websites/trcinstitution/index.php?p=39를 참조.

41) The Truth and Reconciliation Commission of Canada, *They Came for the Children: Canada, Aboriginal Peoples, and Residential Schools*(Winnipeg: Truth and Reconciliation Commission of Canada, 2012): 79.

42) Ross, *Returning to the Teachings*, 46.

43) Sivell–Ferri, The Four Circles of Hollow Water, vii.

44) Sivell-Ferri, The Four Circles of Hollow Water, 18.

45) *Community Holistic Circle Healing* (CHCH), CHCH Position Paper on Incarceration, CHCH file 93.04.20 (Hollow Water: CHCH, 1993): 5, quoted in Sivell-Ferri, *The Four Circles of Hollow Water*, 101.

46) Sivell-Ferri, *The Four Circles of Hollow Water*, 131.

47) Sivell-Ferri, *The Four Circles of Hollow Water*, 185.

48) Joe Couture, Ted Parker, Ruth Couture, and Patti Laboucane, *A Cost-Benefit Analysis of Hollow Water's Community Holistic Circle Healing Process*, APC 20 CA (Ottawa: Aboriginal Corrections Policy Unit, Solicitor General of Canada, 2001).

49) Couture et al., *A Cost-Benefit Analysis of Hollow Water's Community Holistic Circle Healing Process*.

50) Sivell-Ferri, *The Four Circles of Hollow Water*, 59.

51) Howard Sapers, *Annual Report of the Office of the Correctional Investigator 2012–2013* (Ottawa: Office of the Correctional Investigator, 2013), http://www.oci-bec.gc.ca/cnt/rpt/annrpt/annrpt20122013-eng.aspx.

52) Katherine Van Wormer, "Restorative Justice as Social Justice for Victims of Gendered Violence: A Standpoint Feminist Perspective," *Social Work* 54, no. 2 (2009): 107–116.

53) 뉴질랜드의 회복적 정의 접근방법을 더 살펴보려면 Allan MacRae and Howard Zehr, 『가족집단 컨퍼런스(가족 간 대화모임』 *The Little Book of Family Group Conferences New Zealand Style: A Hopeful Approach When Youth Cause Harm.* (Intercourse: Good Books, 2004)을 참조.

용어번역 일람

용어	번역/참고
accountability	책임수용
cleansing ceremony	정화의식
community	공동체
Community Holistic Circle Healing(CHCH)	공동체 통합적 치유 써클
Community Justice Initiative/ CJI	공동체 정의 이니셔티브(전략)
conference	컨퍼런스
conferencing	대화모임
Circles of Support and Accountability/COSA	지원과 책임써클
court accompaniment	법정 동행 서비스
engagement process	참여절차
facilitator	촉진자, 진행자, 퍼실리테이터
family group conference	가족간 대화 모임, 가족집단컨퍼런스
framework	틀, 이념틀
gendered	젠더화된, 젠더(의)

gender-based violence	젠더 기반 폭력
harm	피해, 해악
incapacitation	무력화, 구금격리
indigenous community	선주민 공동체
integirity/sexual integirity	통합성, 성적 통합성
needs	필요, 요구, 욕구
offenders	가해자 (범죄자란 용어는 성범죄자에게만 사용)
offense	범죄, 불법, 사건
peer support program	동료 지원 프로그램
reference group	레퍼런스 그룹
responsibility	책임
restorative justice	회복적 정의, 회복적 사법(사법 절차에 대해 대비될 때에)
restorative justice process	회복적 정의 프로세스, 회복적 사법절차
the Restorative Opportunities program	회복적 기회 프로그램
sexual abuse	성학대
sexual assault	성폭행
sexual offense	성범죄
sexual offender	성범죄자
sexual violence	성폭력
treatment	치료 처우

trauma-informed	트라우마 정보에 기반한
the victimizer	피해를 초래한 사람
victimization	피해, 피해자화
victim-offender conference	피해자-가해자 대화모임
vindication	정당성
wrongdoing	잘못된 행동, 잘못